服务质量导向型数字档案资源建设模式研究

蒋冠　冯湘君⊙著

FUWU ZHILIANG DAOXIANGXING
SHUZI DANG'AN ZIYUAN JIANSHE MOSHI YANJIU

知识产权出版社
全国百佳图书出版单位
—北京—

图书在版编目（CIP）数据

服务质量导向型数字档案资源建设模式研究/蒋冠，冯湘君著. —北京：知识产权出版社，2020.10

ISBN 978 - 7 - 5130 - 7123 - 9

Ⅰ.①服… Ⅱ.①蒋…②冯… Ⅲ.①数字技术—应用—档案管理—资源建设—研究 Ⅳ.①G270.7

中国版本图书馆 CIP 数据核字（2020）第 155407 号

内容提要

本书首先对档案与档案资源两个概念进行深入剖析，并在确定数字档案资源服务基本要素的基础上，提出数字档案资源服务质量的具体要求。继而对国内 30 个省级档案网站的数字档案资源服务情况进行调查，结合数字档案资源服务质量要求，以国际上有代表性的档案网站——美国、英国和澳大利亚三国国家档案馆网站为参照，对其进行评价与分析，揭示存在的问题与不足。其次，基于数字档案资源服务的质量要求，对服务质量导向型数字档案资源建设的目标进行分析，通过对国内外四个典型案例的剖析，归纳出以提升服务质量为导向的数字档案资源建设的理念与策略，提出质量导向型数字档案资源建设模式的总体框架。最后，通过对若干省级档案馆相关部门负责人的访谈，就服务质量导向型数字档案资源建设模式实现的可行性、障碍与路径等一系列问题进行具体分析与探讨。

责任编辑：彭喜英　　　　　　　　　　　　责任印制：孙婷婷

服务质量导向型数字档案资源建设模式研究

蒋　冠　冯湘君　著

出版发行：**知识产权出版社**有限责任公司	网　　址：http://www.ipph.cn
电　　话：010 - 82004826	http://www.laichushu.com
社　　址：北京市海淀区气象路 50 号院	邮　　编：100081
责编电话：010 - 82000860 转 8539	责编邮箱：pengxiying@ cnipr.com
发行电话：010 - 82000860 转 8101	发行传真：010 - 82000893
印　　刷：北京中献拓方科技发展有限公司	经　　销：各大网上书店、新华书店及相关专业书店
开　　本：720mm × 1000mm　1/16	印　　张：10.75
版　　次：2020 年 10 月第 1 版	印　　次：2020 年 10 月第 1 次印刷
字　　数：165 千字	定　　价：56.00 元

ISBN 978 -7 -5130 -7123 -9

前　言

随着信息技术的飞速发展与广泛应用，人类社会逐渐迈入了数字时代。为了适应新环境、新需求，传统档案馆面临着实现数字化转型的重大课题：数字资源在馆藏资源体系中日益占据主体地位，数字档案资源建设也逐步成为档案馆基础业务建设的一项重要内容。新的时代与环境向国家综合档案馆提出了挑战，迫切需要其尽快转变业务模式，坚持以提升数字档案资源服务质量为基本导向开展数字档案资源建设。如何坚持质量导向，切实提高数字档案资源建设的水平与绩效，是摆在各级国家综合档案馆面前一个亟待解决的现实问题。本书的内容正是对这一问题的回应，旨在立足我国实际情况，对服务质量导向型数字档案资源建设模式进行深入探讨。

本书综合运用档案学、信息管理学与公共管理学等多门学科的理论知识，采用网站调查法、案例分析法、专家访谈法等研究方法，对服务质量导向型数字档案资源建设模式逐层深入展开研究：首先，对"档案"与"档案资源"两个概念进行了深入剖析，并在确定数字档案资源服务基本要素的基础上，提出数字档案资源服务质量的具体要求。其次，对国内30个省级档案馆网站的数字档案资源服务情况进行调查，结合数字档案资源服务质量要求，以国际上有代表性的档案网站——美国、英国和澳大利亚三国国家档案馆网站为参照，对其进行评价与分析，揭示存在的问题与不足。再次，基于数字档案资源服务的质量要求，对服务质量导向型数字档案资源建设的目标进行分析，通过对国内外4个典型案例的剖析，归纳出以提升服务质量为导向的数字档案资源建设的理念与策略，提出服务质量导向型数字档案资源建设模式的总体框架。最后，通过对若干国家综合档案馆相关部门负责人的访谈，就服务质量导向型数字档案资源建设模式实现的可行性、障碍与路径等一系列问题进行具体分析与探讨。相关观点对于国家综合档案馆寻求提高数字档案资源建设水平与绩效、突破当前档案资源开发与利用困局、提升自身服务力与影响力的新思路，具有参考与启示意义。

　　本书主要是在宏观层面上对数字档案资源建设问题进行探讨，由于社会实践的快速发展变化，更多细节性问题还有待在后续研究中继续探索。

目　录

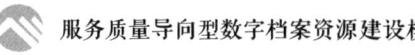

第1章 绪 论

1.1 研究背景与意义

随着信息技术的飞速发展与广泛应用，人类社会逐渐迈入了数字时代。为了适应新环境、新需求，传统档案馆面临着实现数字化转型的重大课题。一方面，信息技术在社会各个领域的应用使各种不同内容、不同形式的数字记录大量产生，其中有一部分因具备特殊价值需要作为档案予以保存。对于这些有着与传统载体档案不同特性的全新档案类型，如何对其进行科学管理是档案馆面临的新问题。另一方面，管理对象、管理方式的变化，推动传统档案工作模式向现代化方向变革，新技术的发展也为档案馆实现管理智能化、自动化提供了支撑性条件，以自动化软件系统为核心的管理体系成为档案馆新的管理平台；同时，随着移动互联网的发展，网民数量大量增长，网络逐渐成为民众获取信息的主要渠道，网络利用、网上阅读渐成趋势，倒逼档案馆将互联网作为重要的阵地与窗口，通过网络向社会提供服务。在这一转型过程中，档案馆的业务范围与工作方式也随之发生重大改变。就资源构成而言，数字资源在馆藏资源体系中日益占据主体地位，数字档案资源建设也逐步成为档案馆基础业务建设的一项重要内容。

国内以国家综合档案馆为主体的数字档案资源建设最初是从机关电子文件归档与移交、馆藏传统载体档案数字化两个方面展开的。早在1996年，国家档案局就成立了电子文件归档与电子档案管理研究领导小组，由此拉开了档案馆数字档案资源建设的序幕。2000年12月，国家档案局将"加快现有档案的数字化进程"与"试点接收电子档案进馆"列入《全国档案事业发展"十五"计划》。自此，全国各级各类档案馆陆续启动了馆藏档案数字化工作，部分省级国家综合档案馆开始了电子文件归档、管理与保存的探索实践。2002 年，国家档案局发布了《全国档案信息化建设实施纲要》，从档案目录数据库建设、档案机读目录移交、档案目录中心建设、档案全文数据库和多媒体数据库建设、电子文件归档管理、电子档案管理办法制定、档案数字化进程推进、中央和国家机关档案部门移交档案数字化 8 个方面对数字档案资源建设进行了全面部署。2006 年，《全国档案事业发展"十一五"规划》对建立与完善国家档案信息目录数据库、纸质档案全文数据库和多媒体档案数据库等各类档案数据库，进一步推进电子文件中心和数字档案馆建设等方面又作了新的要求。随后，各地数字档案馆建设工程先后启动，数字档案资源建设进一步提速。2010 年，国家档案局发布的《数字档案馆建设指南》中明确指出："数字档案资源建设是数字案馆建设的核心内容，也是一项经常性的业务工作。数字档案资源建设包括电子文件接收、传统载体档案数字化转换、资源整理加工、建立各类资源库等内容。"2011 年，《全国档案事业发展"十二五"规划》又提出要加快推进传统载体档案数字化、电子文件接收、重要数字信息采集等数字档案资源建设，加快数字档案馆及电子文件（档案）备份中心建设步伐。2013 年，在全国数字档案馆（室）建设推进会上，时任国家档案局局长杨冬权提出了数字档案馆"存量数字化，增量电子化"的资源建设战略。2014 年，中共中央办公厅、国务院办公厅印发《关于加强和改进新形势下档案工作的意见》，进一步强调要加快推进电子文件归档与传统载体档案数字化进程。2016 年，国家档案局印发《全国档案事业发展"十三五"规划纲要》，将全面推进档案资源存量数字化、增量电子化、利用网络化作为发展目标之一，并就"开展电子档案单套制、单轨制管理试点；研究制定重要网页资源的采集和社交媒体文件的归档管理办法；加快档案信息资源共享服务平台建设，实施国家数字档案资源融合共享服务工程"等做出了新的规划。在一系列国家规划与政策的引导与推动下，全国开放档案信息资源共享平台与全国档案目录中心等项目开始启动，各地档案行政管理部门也都把数字档案资源建设纳入本地区档案事业发展规划并积极实施，取得了一定的成绩。以档案数字化建设为例，"截至 2014 年，全国 3319 个国家综合档案馆以卷为保管单位的 2.7 亿卷档案已数字化 4500 多万卷，数字化率为 17%；以件为保管单位的 2.5 亿件档案已数字化 5000 万件，档案数字化率为 20%"①。随着"档案记忆观"的形成与兴起，各地档案行政管理部门相继开展了一系列以"记忆"为主题的资源建设工程。例如，2002 年，青岛市率先开展"青岛市城市记忆工程"，随后全国各地掀起了城市记忆工程建设的热潮，在此过程中积累了大量的数码照片、视频、音频等数字资源。此外，有一些地方档案部门开展了不同形式的数字记忆资源建设。例如，浙江省档案局启动数字记忆工程，运用互联网思维，收集、整合、挖掘民间和社会的数字记忆资源，借助数字记录、复制技术和音频、视频保存等手段，记录和留存具有时代特点、反映社会全貌、能够作为官方存史补充的重要社会记忆，推出了方言建档、名人建档、村落建档与实施乡村、企业和城市记忆工程等多项举措。

通过实践回顾可知，在过去的二十余年中，国内档案部门为了应对信息社会与数字时代的挑战，积极开展数字档案资源建设，取得了一定的成绩。但不容否认的是，当前我国以国家综合档案馆为主体的数字档案资源建设仍处于低水平阶段，具有粗放式建设的特征，因而存在诸多局限：主要专注于对传统载体档案的数字化与机关电子公文的接收进馆，忽视对社会数字档案资源的采集，数字档案资源在内容与形式上仍比较单一，资源结构缺乏广度与深度；馆藏数字资源大部分以图片格式存在，数据化程度低，也缺乏在大范围内的有效整合与深层次组织加工；资源服务停留于提供简单检索与浏览服务的层面；资源的开放度不高，网上全文数据库匮乏。由此造成了当前我国数字档案资源利用率不高，社会关注度较低，资源建设外生性动力不足等一系列问题。放眼世界，近年来，一些欧美国家的档案界积极应对数字转型的挑战，尤其是顺应提升用户体验的时代潮流，高度重视数字资源建设并且成效显著。

---

① 李明华. 中国的数字档案资源建设［J］. 中国档案，2016(10)：14 – 15.

其所开展的各种项目社会关注度较高，影响力较大。当前，我国国家综合档案馆所开展的数字档案资源建设在实际效果上与之相比存在一定的差距。究其原因，主要就在于资源建设为建而建，对"出口"缺乏清晰定位，没有将建设与满足用户需求、提升服务质量紧密结合起来。

当前，在数字时代的大环境下，各类文化与信息服务机构都在加强数字资源的建设与开发，积极建立自己的数字收藏库，逐步转变服务模式，更多地由现场服务转向自助式服务、通过虚拟方式与用户互动，着力提升服务的质量与水平，以此提高社会影响力，从而获得更大的生存与发展空间。新的用户环境向国家综合档案馆提出了挑战，迫切需要其尽快转变业务模式，坚持以优化与提升服务质量为基本导向开展数字档案资源建设。那么，具体如何坚持质量导向，切实提高数字档案资源建设的水平与绩效，是摆在各级国家综合档案馆面前一个亟待解决的现实问题。本书正是对这一问题的回应，旨在立足我国实际情况，构建以提升服务质量为导向的数字档案资源建设模式，具体提出相应的目标、理念与策略，并对这一模式实现的可行性、障碍与路径进行分析。本书的相关观点具有一定的理论与实践价值：一方面有利于弥补国内现有数字档案资源建设理论研究的缺陷，进一步丰富我国数字档案资源建设理论体系；另一方面可以为国家综合档案馆寻求提高数字档案资源建设水平与绩效、突破当前档案资源开发与利用困局、提升自身服务力与影响力的新思路提供参考与启示。

1.2　国内外研究现状

1.2.1　数字资源研究综述

从 20 世纪 90 年代开始，各国图书馆、档案馆等信息机构就先后开展了多种形式的数字资源建设项目，学术界对数字资源的研究已有时日，积累了大量的研究成果。通过对国内外有关数字资源的文献分析可知：随着互联网技术的飞速发展，信息的采集、保存、传递和服务方式发生了革命性的变化，相关的研究主要从数字资源建设、数字资源保存与数字资源服务等方面展开。现将代表性文献综述如下。

1.2.1.1　数字资源建设

人类对数字资源的需求是高速信息网络存在和迅速发展的前提, 同时也是数字资源建设的根本动力, 关注用户满意度、坚持以用户需求为导向提高服务质量始终是数字资源建设的首要前提。[①] 数字资源建设是指人类对处于无序状态的数字信息进行选择、采集、组织等活动, 使之形成可利用的数字资源体系的过程。数字资源建设是一项涉及多方面工作的系统工程, 数字资源的建设活动需要对数字信息进行全生命周期管理, 从而确保数字资源建设的科学合理, 以保证数字对象的有效性、完整性和可信性。[②] 进入大数据时代, 数字资源呈几何级数增长, 因此对其进行深度揭示和聚合变得十分迫切。[③] 通过数字资源整合, 将资源组合优化, 形成一定的体系, 从而便于提供利用。国外有关数字资源建设的研究与实践始于 20 世纪 90 年代。近年来, 国内外对图书馆、档案馆与博物馆（LAM）数字资源整合的关注度较高。LAM 数字资源共享的研究来源于这三类机构共同的现实需求, 并最终有利于提高公共文化服务的水平。国外在数字资源整合平台建设方面已取得许多可供借鉴的成果, 如世界数字图书馆、欧洲 CALIMERA 项目等; 总体而言, 国外相关研究呈现重技术与平台建设、轻管理机制的特点。[④] 国内学者的研究可分为理论探讨与实践分析两个部分。一方面, 在借鉴、吸收国外特色经验的基础上, 构建了基于关联数据的 LAM 数字资源整合模型[⑤], 探讨了符合我国国情的数字资源整合策略。[⑥] 另一方面, 有学者调查了我国城市记忆工程中数字资源建设的现状, 并针对现存问题提出了相应建议。[⑦]

---

① 王萍, 王毅, 文丽. 优化用户满意体验的数字资源建设探究[J]. 中国图书馆学报, 2014, 40(5): 98 – 109.

② 董晓莉, 张炜. 基于本体的数字资源长期保存分级存储管理研究[J]. 图书馆学研究, 2017(23): 52 – 64.

③ 王传清, 毕强. 超网络视域下的数字资源深度聚合研究[J]. 情报学报, 2015, 34(1): 4 – 13.

④ 肖希明, 郑燃. 国外图书馆、档案馆和博物馆数字资源整合研究进展[J]. 中国图书馆学报, 2012, 38(3): 26 – 39.

⑤ 周俊烨. 基于关联数据的图书馆、档案馆和博物馆数字资源整合模式构建[J]. 图书馆, 2019(1): 70 – 75.

⑥ 王静, 李烁. 图档博融合服务中数字资源整合策略研究[J]. 浙江档案, 2019(11): 31 – 33.

⑦ 完颜邓邓, 马群芬. 我国城市记忆工程数字资源建设调查分析[J]. 浙江档案, 2019(8): 22 – 25.

当前，以图书馆为代表的信息机构正面临由开放资源触发的第二次转型①，如何应对转型过程中的困难与挑战、如何在转型中进一步推动数字资源建设水平的提高还需深入探讨，通过对数字资源整合系统进行实证研究，我国学者具体阐述分析了数字资源整合系统的实现机制。② 将精准服务的理念引入数字资源建设的过程，坚持资源评估、需求导向、资金保障，或将有利于资源整合与共享。③

1.2.1.2 数字资源保存

随着大数据时代的到来，整个社会不可避免地被卷入数字洪流中，如何保存人类社会的数字文明，图书馆、档案馆等典藏机构面临越来越多的挑战和考验。一方面要应对数字保存对象的不断多元化和泛在化，另一方面要解决用户与日俱增的数字资源长期保存和资源共享需求。除此之外，数字资源的长期保存还涉及诸多权利许可问题，且这项任务超出了任一单独机构的能力范围。④ 在这种情况下，国际上很多数字文化遗产收藏机构都开始积极采取合作的方式开展数字资源长期保存的研究与实践，相继出现多个跨地域、跨机构的数字保存联盟，如英国的数字保存联盟（Digital Preservation Coalition，DPC）。⑤ 此外，美国印第安纳州和蒙大拿州分别开展的 InDiPres 项目与 DuraCloud 项目也是多机构合作对数字资源进行长期保存的成功实践案例。⑥ 近年来，欧美等发达国家的图书馆、博物馆、档案馆等数字文化遗产机构纷纷探索多种合作模式，以期提升其在公共文化机构中的地位，改善其现有的数字资源的保存状况，更好地满足越来越多样化的用户需求。目前，国际上数字资源

---

① 朱江,任晓亚,姜恩波,等.研究图书馆数字资源建设的转型与发展——以中国科学院文献情报系统为例[J].图书情报工作,2019,63(4):47-53.

② 李广建,汪语宇,张丽.数字资源整合的实现机制及关键技术——对国外数字资源整合系统的实证研究[J].中国图书馆学报,2007(2):75-80.

③ 任晓亚,朱江,田丁.网络数字资源的精准建设探析[J].图书情报工作,2018,62(21):34-38.

④ 徐速,王金玲,王静芬.DRAA引进数字资源的长期保存与利用研究[J].大学图书馆学报,2019,37(6):70-77.

⑤ 张毅.数字资源长期保存研究进展及发展策略[J].内蒙古科技与经济,2012(11):12-14.

⑥ 唐权.美国印第安纳州与蒙大拿州数字资源长期保存的实践与启示[J].图书情报工作,2019,63(6):131-139.

保存的主流合作模式包括集中分散、对等分散、高度整合等模式。① 其中，集中分散模式，即由一个机构主导，由其制定相关政策、方针、管理机制，并实施技术指导，协助其他机构解决长期保存中的实际问题，其他机构作为合作参与方，承担一定的保存责任并具有相应的权利；对等分散模式指参与数字资源长期保存合作的成员机构在合作中所处的地位平等，且具有同等的责任和义务，主要通过协商完成相应的保存任务；高度整合模式②是近两年新兴的一种合作模式，其一般由国家主导，通过实施法令和制定政策，完成机构间运行机制和内部结构的重组。面对不断泛化的资源保存需求，图书馆等机构对保存对象的定义也更加宽泛，数字对象的类型变得更加复杂，资源类型逐步由单一的图像、文本类型向包括声音、视频、网络资源等在内的结构化与非结构化多元类型拓展。同时，用户发现、利用、反馈图书馆资源的信息，即图书馆用户数据，也将作为一种重要的资源被纳入图书馆的保存对象范围，保存对象的类型和结构日益变得更为复杂多样，数字资源长期保存正经历着越来越严峻的挑战。③ 随着社会信息化的不断发展，社会经济和文化的发展对数字资源的依赖性更强，各国保存机构对数字资源长期保存可信赖性也提出了更高的要求。将信息生态理论引入数字资源长期保存的研究以探析数字资源保护的实现路径，或为可供参考的范例。④ 同时，把元数据引入数字资源管理与评估体系，有助于发挥大数据的优势，提升数字资源管理与保存工作的系统化与可信赖性。⑤

1.2.1.3 数字资源服务

国外有关数字资源服务的研究主题具体包括服务精细化、培养用户

---

① 谢永宪. 数字信息长期保存的相关主体及其合作模式研究[J]. 图书馆学研究,2009 (3):41-44.

② 董晓莉,龙伟. 大数据时代合作模式下的图书馆数字资源长期保存模型分析[J]. 现代情报,2017,37(7):110-115.

③ 刘龙. 美国国会图书馆指导公众开展个人数字信息保存的举措[J]. 图书与情报,2015 (1):87-90.

④ 陈红彦,董晓莉. 信息生态视阈下古籍数字资源保护研究[J]. 图书馆理论与实践,2019 (5):94-99.

⑤ 许天才,潘雨亭,杨新涯,等. 基于元数据管理的数字资源保障评估研究[J]. 图书情报工作,2019,63(2):84-90.

数字素养、跨系统的数字资源建设等。① 国内图书情报界也在积极开展相关理论研究与实践探索，已有研究成果主要集中在数字图书馆馆藏资源的发展趋势及整合、数字资源的长期保存、用户个性化需求等；在实践分析方面，有学者对粤港澳大湾区公共图书馆数字资源服务现状进行了调查分析，并从共建共享、资源整合、品牌推广等方面提出建议。② 新媒体技术的发展成就了众多强大且高效流行的信息交流和共享平台，因其及时快捷、传播成本低、用户基数大等优势吸引了很多"用户"。同时，随着新媒体技术的发展，国外公共图书馆新媒体服务的形式不断涌现；国内图书馆经过积极探索，在数字资源服务转型方面取得了可喜成果。传统的图书馆局限于提供专用的空间和设备等硬件，处于"坐等读者上门"的被动服务状态③。随着信息技术的迅速发展，图书馆不断转变服务意识④，服务重心向无障碍信息服务转移，以手机等便携式阅读器为信息载体，实现图书馆信息的远程访问和无偿获取⑤，足不出户即可享受便捷的阅读服务。

1.2.2　数字档案资源建设研究综述

通过对国内外有关数字档案资源建设的文献分析可知：从 20 世纪后期开始，随着社会信息化建设的启动，数字档案资源建设问题开始进入国内外理论研究者的视野。有关数字档案资源建设的研究主要从数字档案资源采集、数字档案资源整合与共享、数字档案资源长期保存与数字档案资源服务等方面展开。现将代表性文献综述如下。

---

① 陆雪梅. 高校图书馆数字资源立体多元协同服务机制研究[J]. 图书馆工作与研究，2016,1(12):45 - 49.

② 戚敏仪. 公共图书馆未成年人数字资源建设与服务研究——以粤港澳大湾区公共图书馆为例[J]. 图书馆工作与研究,2019(12):123 - 128.

③ 马爱华. 论公共图书馆的新媒体服务[J]. 图书情报工作,2014(6):70 - 74.

④ MCDONALD R H. The Chronopolis:Digital Preservation Archive Development and Demonstration Program [EB/OL]. [2019 - 09 - 16]. http://www. ala. org/marps/divs/lita/litaevents/litaforum2008/08 - chronopolis - Digit. pdf.

⑤ 黄少如,肖斌. 高校图书馆虚拟互动服务质量模型构建[J]. 图书馆理论与实践,2016(8):24 - 27.

1.2.2.1 数字档案资源采集

数字档案资源建设的首要目标是建成优质的馆藏数字资源库，包括目录数据库、全文数据库、多媒体数据库等。数字档案资源的采集范围包括本档案馆传统馆藏档案、各立档单位的档案文件资料、具有档案性质的行业、专题信息资源库、互联网上具有档案价值的信息等。因此，一方面需要从源头上明确档案数字化的范围，保证有价值的数字档案资源被采集；同时，除了加大电子文件收集力度以外，还可以有针对性地捕获所需的数字档案信息。对于一些重要的、珍贵的民生档案、个人档案，当收集原件困难时，可采用数字化形式收集。早在20世纪，Rainer就曾论述了其工作的图书馆对德语国家工人阶级文化信息的收集，提出将有历史意义的档案数字化是信息机构的责任。① 美国国会图书馆牵头建设的"美国记忆"工程将数字资源建设的内容定位于美国历史、文化和立法等方面，包含了大量历史档案、政府文件、地图、照片、剪报和口述历史等多种资源。潘连根教授认为，在数字档案馆的资源选择上要坚持效益原则与迎合用户的原则②；孟世恩教授强调要积极开展数据库建设，建设贴近大众的特色资源③；周毅教授提出，要加强对网络信息的归档保存，丰富档案资源体系④。冯惠玲教授根据当代档案记忆观和资源观，认为有必要大力加强档案数字资源建设，提出构建"中国记忆"大型数字资源库的建议。⑤ 但是，随着信息化程度的提高，仅仅依靠政府主导建设数字档案资源的模式存在缺陷，还应引入企业主导与非盈利组织主导的模式作为政府主导模式的有益补充。据此，有学者立足社会记忆的视角，通过对国内外有关"记忆"项目的考察，提出参与主

---

① NOLTENIUS R. A Class and its Culture：A Special Library in the Ruhr[J]. New Library World,1990,91(3):122–127.

② 潘连根. 数字档案馆信息资源建设的原则[J]. 兰台世界,2006(1):18–19.

③ 孟世恩,任民锋,徐树林. 对我国档案网站中信息资源建设问题的思考[J]. 档案学研究,2008(3):41–44.

④ 周毅. 网络信息存档:档案部门的责任及其策略[J]. 档案学研究,2010(1):70–73.

⑤ 冯惠玲. 档案记忆观、资源观与"中国记忆"数字资源建设[J]. 档案学通讯,2012(3):4–8.

体广泛的数字档案资源建设路径。①

数字档案资源建设是一项涉及多方面工作的系统工程，除了在源头控制数字档案，即加强电子文件归档和电子档案的规范化管理以外，各级各类档案馆馆藏档案的数字化建设是核心工作。为了确保馆藏档案数字化建设的科学合理性，必须在开展数字化工作前明确其建设原则。国内外相关研究成果提出的代表性观点见表1－1。

表1－1　国内外有关数字化原则的代表性观点

学者	代表性观点
Alexa T McCray，Marie E Gallagher②	预测性、明确性、科学性、可持续性、分工化、标准化、开放化
王健③	需求牵引、成本效益、分层优先
方毓宁④	科学系统性、实用可行性、特色性、安全性等
卞咸杰⑤	用户至上、标准规范、机制保障、资源共享
潘积仁⑥	职能决定、需求导向、地域性、公共性、系统性
郝春红等⑦	包容、公正、多元
加小双，安小米⑧	用户参与、多元化

得到学术界普遍认同的是实用性原则，即根据定期的统计数据，优先选择利用率较高的馆藏档案进行数字化⑨，使之社会经济效益最大化。

----

① 谭必勇，陈艳.社会记忆视野下数字档案资源建设的多元化路径探析[J].档案学通讯，2018(1)：62－66.

② MCCRAY A T，GALLAGHER M E. Principles for digital library development [J]. Communications of the ACM，2001，44(5)：48－54.

③ 王健.关于档案数字化优化模式的探讨——档案数字化对象之优化鉴选[J].档案学通讯，2007(1)：55－58.

④ 方毓宁.馆藏档案数字化十原则[J].中国档案，2004(3)：37－38.

⑤ 卞咸杰.档案数字化建设中应遵循的原则[J].档案时空，2006(12)：28－29.

⑥ 潘积仁.档案资源建设：原则实践策略[J].中国档案，2009(7)：16－18.

⑦ 郝春红，安小米，白文琳，等.基于档案多元论的国家数字档案资源建设评估指标体系构建研究[J].档案学研究，2017(1)：31－41.

⑧ 加小双，安小米.数字档案资源建设中的参与式图景[J].档案学研究，2016(2)：83－88.

⑨ MICHEL P. Digitizing special collections：to boldly go where we've been before[J]. Library Hi Tech，2005，23(3)：379－395.

另外，还有学者提出在数字档案资源建设中，按照特殊载体档案优先、珍贵档案优先、高危档案优先、利用率高档案优先、共享性强档案优先的原则①，加快传统载体档案数字化。

1.2.2.2　数字档案资源整合与共享

国外档案界在数字档案资源建设中十分注重对数字档案资源与其他资源的整合与共享，建设项目大都由档案馆与图书馆、博物馆等文化遗产保存机构合作开展，主要围绕某一专题或基于某一特定的目标整合资源，面向公众提供深度服务与个性化服务。代表性的实践项目主要有美国佛罗里达记忆项目、英国康沃尔郡记忆项目与加拿大国家文献遗产数字化战略等。在理论界，布论达贝利·海纳（Brenda Bailey - Hainer）等撰文介绍了美国科罗拉多数字化计划中"西部追踪"与"科罗拉多遗产"两个项目的整体框架。② 劳里·杰米尔（Laurie Gemmill）等基于"俄亥俄州在线记忆工程"提出了一个州际数字化合作模型。③ 阿布杜·萨塔尔·乔德（Abdus Sattar Chaudhry）等对标准分类法进行了研究，并分析了其在跨文化遗产机构的网络文化资源搜索中的重要意义。④ 卡尔·马登（Karl Madden）等提出要推动伊朗历史手稿与文献遗产的数字化典藏与利用。⑤ 此外，国外系统内部数字档案资源有多种整合方式，典型的数字档案资源整合模式见表 1 - 2。随着互联网的普及，用户参与、开放数据的模式将深刻影响数字档案资源的整合与共享。⑥

---

① 金波，丁华东. 数字档案信息资源的协调与竞争[J]. 浙江档案，2013(9)：11 - 13.

② BAILEY - HAINER B, URBAN R. The Coloradodigitization program：a collaboration successStory[J]. LibraryHi Tech. 2004，22(3)：254 - 262.

③ GEMMILL L. Ohio Memory Online Scrapbook：creating astatewide digitallibrary[J]. Library Hi Tech，2005，23(2)：172 - 186.

④ CHAUDHRY A S, TAN P J. Enhancing access to digital information resources on heritage[J]. Journal of Documentation，2005，61(6)：751 - 776.

⑤ MADDEN K,SEIFI L. Digital surrogate preservations of manuscripts and Iranian heritage：enhancing research[J]. New Library World，2011，112(9)：452 - 465.

⑥ 肖静萍，朱一丽. 面向用户的数字档案资源整合：国外研究及借鉴[J]. 档案学研究，2017(2)：98 - 101.

表1-2 国外数字档案资源整合的典型模式①

模式	案例
历史研究模式	德国（传统档案的数字化扫描）
电子政务提升模式	克罗地亚（集中统一管理机制）
政府公共服务提升模式	新西兰、澳大利亚（数字连续性行动计划）
政府数字转型模式	荷兰（国家层面的无纸化办公计划）

就国内而言，学者提出的有关数字档案资源整合具体构想有"建立由国家中心、省级分中心、基层中心组成的整合与共享体系"② "加强数字档案馆个体资源库建设，组建数字档案信息资源总库"③ "国家数字档案资源整合与服务机制的顶层设计方案"④ "基于 SOA 的数字档案资源整合模型"⑤ "基于语义网、关联数据的数字档案资源关联和共享框架"⑥ 等。此外，还有学者运用扎根理论的方法，重点研究了中国数字档案资源整合的影响因素。⑦ 值得一提的是，安小米教授牵头的研究团队立足数字档案资源整合视角，在分析研究现状的基础上，从数字档案资源公共服务能力评价指标的构建⑧，到大数据时代的机遇与挑战的分析⑨，再到概念、路径和机制的提出⑩，对这一主题进行了系统的研究，

① 安小米,孙舒扬,白文琳,等.21 世纪的数字档案资源整合与服务:国外研究及借鉴[J].档案学通讯,2014(2):47-51.

② 蒋冠,何振.我国电子政务环境下档案资源的整合与共享[J].档案学通讯,2004(6):44-47.

③ 金波,丁华东.数字档案信息资源的协调与竞争[J].浙江档案,2013(9):11-13.

④ 孙俐丽,吴建华.关于国家数字档案资源整合与服务机制顶层设计的初步思考[J].档案学研究,2016(1):57-61.

⑤ 陈玉亮,汪好.基于 SOA 的数字档案资源整合模型研究[J].档案学研究,2016(3):87-89.

⑥ 王志宇,熊华兰.语义网环境下数字档案资源关联与共享模式研究[J].档案学研究,2019(5):114-119.

⑦ LIAN Z Y. Factors influencing the integration of digital archival resources: a constructivist grounded theory approach[J]. Archives & Manuscripts. 2016, 44 (2):86-102.

⑧ 董宇,安小米,白文琳,等.档案资源整合视角下的数字档案资源公共服务能力评价指标构建[J].档案学研究,2015(4):58-63.

⑨ 安小米,宋懿,马广惠,等.大数据时代数字档案资源整合与服务的机遇与挑战[J].档案学通讯,2017(6):57-62.

⑩ 安小米,宋懿,张斌.国家数字档案资源整合与服务:概念、路径和机制[J].档案学研究,2018(3):81-88.

并且指出数字档案资源整合这一主题在理论与实践方面的 7 个趋势。①

1.2.2.3 数字档案资源长期保存

对数字档案资源进行长期保存是数字档案资源建设工作的重要环节之一，而数字信息长期保存的关键问题是技术淘汰的高速率。如何推进数字资源长期保存工作规范化、规模化，改善保存工具性能，成为各国着力思考的问题。早在 1996 年，RLG（Research Library Group）和 CLIR（Council on Library and Information Resources）等机构就对数字资源保存进行了技术限制、保存对象扩展、保存机构选择、保存政策制定等范例研究。② 此外，在数字档案安全问题研究上，加拿大 InterPARES、英国 DPC、美国 NDIIPP、澳大利亚 PADI 等国外项目产生的一系列研究成果值得借鉴。美国空间数据系统咨询委员会制定了旨在以维护信息系统中数字信息的长期保护和可存取为目的的参考模型和基本概念框架（Open Archival Information System，OAIS），并于 2003 年作为 ISO 的标准颁发。把 OAIS 引入长期保存数字档案资源的认证工作，将有利于统筹管理档案数字资源长期保存活动中接收、规划、存取等认证环节。③ 近年来，关于数字资源长期保存的研究从围绕保存意义、流程、标准、涉及权益、合作共享等向围绕保存对象、技术开发、保存方法评估、保存成本核算等角度转变。从当前国外数字资源长期保存的支持系统来看，LOCKSS（Lots of Copies Keep Stuff Safe）、PAWN（Producer-Archive Workflow Network，生产者 – 档案工作流网络）和 NEDLIB（Networked European Deposit Library）这三个系统的影响力较大；从数字资源长期保存技术来看，国外相关机构采用的技术支持软件和工具：Digital Library Software、FEDORA（The Flexible Extensible Digital Object and Repository Architecture）、BEP（The Berkeley Electronic Press）、DSpace、DAITSS

---

① 马广惠,安小米. 我国国家数字档案资源整合与服务研究发展趋势[J]. 档案学通讯, 2018(6):57 – 61.

② MCGOVERN N. A digital decade:where have we been and where are we going in digital preservation? [J]. RLG DigiNew,2007(1).

③ 钱毅. 基于 OAIS 的数字档案资源长期保存认证策略研究[J]. 档案学研究,2018(4): 72 – 77.

(The Dark Archive in the Sunshine State) 等，出于节省保存成本的考虑，一些机构还参考了 Shelby Sannet、Brian Lavoie 等学者构建的长期保存框架和操作流程。① 综合国内外研究成果，达成共识的四种长期保存方法是拷贝、迁移、虚拟仿真和硬件留存。此外，还有学者提出再生性技术保护的方法，即将技术过时的载体信息转移到纸上，不再使用机读利用。② 另外，数字档案资源长期保存中还涉及版权问题，要解决这一问题，还须从著作权人、用户、档案馆等角度出发进行深入探讨。③

1.2.2.4 数字档案资源服务

数字档案馆是开展数字档案资源服务的主要依托。数字档案馆应秉承以用户为中心的服务理念，最大限度地为用户提供信息服务，满足用户需求。传统档案服务模式已无法满足利用者日益增长的档案信息需求，而我国的数字档案馆尚在起步阶段，其服务水平和质量还须进一步提高。要提高数字档案资源服务质量，关键在于树立正确的服务理念。姚红叶强调"数字档案馆要树立以用户为导向的服务理念，强化档案用户在信息服务中的主体地位"④。梁孟华同样注意到用户需求在数字档案资源服务工作中的重要性，并将用户兴趣图谱引入数字档案资源交互平台的构建，主张充分利用大数据以改善数字档案馆的推送服务。⑤ 管先海、刘伟、白桦认为，数字档案馆的信息服务理念是确定数字档案馆信息服务策略、方式与模式，有效开展数字档案馆信息服务工作的思想准绳和理论基础，是数字档案馆信息服务的灵魂。⑥ 因此，数字档案馆的管理者和工作者要树立主动服务、以用户为中心、知识服务、个性化服

---

① STRODLS S,BECKER C,NEUMAYER B. How to Choose a Digital Preservation Strategy：E-valuating a Preservation Planning Procedure [C]. Proceedings of the 7th ACM/IEEE - CS Joint Conference on Digital Libraries. New York：ACM Press,2007：29 - 38.

② LORIE R A. Long term archiving of digital information [C]. Proceedings of the First ACM \ IEEE - CS Joint Conference on Digital Libraries. 2004；346 - 352.

③ 张宁,祁天娇. 数字档案资源版权问题刍议：以美国《版权法(1976)》第108条为例[J]. 档案学通讯,2018(5):61 - 66.

④ 姚红叶. 信息生态视阈下数字档案馆信息服务研究[D].南昌:南昌大学,2012.

⑤ 梁孟华. 基于用户兴趣图谱的数字档案资源交互推送服务研究[J].档案学研究,2019(2):81 - 87.

⑥ 管先海,刘伟,白桦. 对数字档案馆信息服务的思考[J]. 档案管理,2005(5):21 - 24.

务和人性化服务的理念，积极了解档案用户的信息需求，并以此制定适合档案用户的信息服务策略，最大限度地满足用户需求。邓芳、阮洪瑶进一步提出要树立品牌服务意识，开展特色化服务；用知识管理思想指导档案信息服务创新；树立大馆藏的观念；树立主动服务的观念。① 张东华、姚红叶提出，基于价值创新的公共档案馆信息服务模式要以用户需求实现为导向，以价值和创新为重点，通过了解用户需求、开发档案信息资源进而提供服务等工作方式，改变长期以来我国公共档案馆等信息服务部门的官本位思想，促进公共档案馆不断进行自身优化，打破封闭或半封闭状态，有效地满足用户的档案信息需求，注重引导和创造用户需求，并通过创新让用户获取更大的服务价值。② 支凤稳认为，以用户需求为核心的档案信息资源数字化融合服务模式是档案服务创新的发展方向，并对档案信息资源数字化融合服务平台及实现框架进行了探讨。③ 周耀林教授则基于"互联网＋"给档案工作带来的新机遇，提出了"互联网＋"战略下数字档案信息服务的发展策略。④ 周枫等以马斯洛需求层次理论为研究视角，指出在智慧城市建设中存在基本建设、安全保障、归属需求、尊重需求、持续发展 5 个方面的档案信息需求，并就其对数字档案资源建设与服务的指导价值进行了讨论。⑤ 刘昆鹏基于传播学"传播流"观点，探讨了数字档案资源传播效果实现的策略。⑥另有学者从服务理念、服务组织和服务保障方面分析了面向用户的数字档案资源跨媒体知识集成服务的应用机理。⑦ 周耀林教授的专著《面向

---

① 邓芳,阮洪瑶. 数字档案馆档案服务模式创新研究[J]. 航空档案,2009(Z1):52－55.

② 张东华,姚红叶. 信息生态视阈下数字档案馆信息服务研究[J]. 档案学通讯,2011(5):56－58.

③ 支凤稳,赵红颖. 档案信息资源数字化融合服务模式研究[J]. 档案学通讯,2015(6):61－64.

④ 周耀林,贾聪聪."互联网＋"战略下数字档案信息服务发展策略研究——基于 SWOT 框架的分析选择[J]. 档案学通讯,2016(4):56－61.

⑤ 周枫,杨智勇. 面向智慧城市的数字档案馆信息服务需求分析——以需求层次理论为视角[J]. 档案学研究,2016(4):103－106.

⑥ 刘昆鹏. 社会印象与价值传播——数字档案资源建设与传播研究[J]. 中国管理信息化,2016,19(1):188－189.

⑦ 梁孟华. 面向用户的数字档案资源跨媒体知识集成服务研究[J]. 档案学研究,2016(6):49－54.

公众需求的数字档案资源建设与服务研究》则从服务动力机制、整合、规划与实施、联动模型、评估等多个方面对数字档案资源建设与服务问题进行了研究。① 王毅等学者提出了数字档案资源服务用户体验的 5 个构成要素：有用性体验、满意性体验、易查性体验、价值性体验和可用性体验，并对应从需求内容导向的资源建设、面向知识单元的档案开发、多元化语义检索、档案知识参考服务和档案系统优化 5 个方面提出了优化用户体验的数字档案资源服务策略。② 连志英在对国外档案馆数字档案资源社会化开发实践进行调查的基础上，引入文件连续体理论模型，建构了数字档案资源社会化开发模型，这一模型对档案机构的社会化开发实践具有指导意义。③ 有学者认识到实现并不断完善档案数字资源协同服务是档案管理的必然趋势，并提出应从管理协同、组织协同、技术构架 3 个方面为协同服务机制的构建准备条件。④

此外，也有学者从信息组织与检索的角度，从数字档案资源服务问题的微观层面进行了系列探讨，如数字档案资源语义互操作⑤、数字档案资源跨媒体语义检索⑥、数字资源的跨媒体整合⑦等。

通过对国内外相关文献的回顾可以发现，部分学者从不同的角度对数字档案资源建设问题进行了探讨。少量研究成果已经在不同程度上触及了如何基于提升数字档案资源服务质量的目的开展数字档案资源建设的问题。但从总体来看，一方面，现有的研究还比较零散，大都夹杂在对相关问题的讨论中，缺乏在统一的研究框架下对上述问题作专门而系统深入的探讨；另一方面，国外数字档案资源建设的理论与实践可以为我们反思当前国内数字档案资源建设实践，并从新的视角去审视这一问题提供启示。

---

① 周耀林,赵跃. 面向公众需求的档案资源建设与服务研究[M].武汉:武汉大学出版社,2017.

② 王毅,魏扣. 优化用户体验的数字档案资源服力策略研究[J].档案学通讯,2017(1):64 – 68.

③ 连志英. 数字档案资源社会化开发内涵及模型建构[J].档案学通讯,2019(6):27 – 34.

④ 孙莉. 档案数字资源协同服务实现机制的探讨[J].山西档案,2019(11):12 – 15.

⑤ 吕元智. 数字档案资源体系的语义互操作实现研究[J].档案学通讯,2013(5):53 – 57.

⑥ 吕元智. 数字档案资源跨媒体语义检索实现框架与关键问题研究[J].档案学研究,2014(2):65 – 70.

⑦ 吕元智. 面向资源架构的数字档案资源跨媒体整合研究[J].档案学研究,2016(4):91 – 96.

1.3　研究范围界定

（1）数字档案资源建设是指档案机构收集、整理与加工数字档案信息，从而建立具有一定功能并可供利用的资源体系的过程，具体包括三种形式：传统载体档案的数字化、原生性电子文件接收以及数字信息的采集与捕获。[①] 数字档案资源建设一般包括两个层面：一是各个档案机构（如国家综合档案馆）对数字档案的收集、组织、管理、贮存等工作；二是一个地区、一个国家乃至国际间众多档案机构对数字档案的规划和协作、协调收集和收藏，形成整体资源。本书中的数字档案资源建设为以上两个层面的内容。

（2）在国内，各级国家综合档案馆是国家数字档案资源建设的主要承担者。因此，本书所讨论的主要是针对国家综合档案馆所开展的数字档案资源建设，不涉及机构内部以及专业档案馆的数字档案资源建设。

（3）数字档案资源建设模式是指主体进行数字档案资源建设所选择的整体思路与方式。

（4）根据 ISO 9000：2005《质量管理体系基础和术语》的定义，质量是一组固有特性满足要求的程度。因此，质量是基于需求（目的）而提出的，数字档案资源建设存在多方面的需求（目的），如安全保存、提供利用等。基于提供利用所提出的质量要求具体又包括三个方面：一是档案质量（即满足档案成为凭证的性质，如真实性、完整性等），二是数据质量（即作为普通数据而需要满足的要求，如准确性、完整性、一致性等），三是服务质量，包括向哪些用户提供数字档案信息，向用户提供什么数字档案信息与如何向用户提供数字档案信息三个维度。本书主要讨论数字档案资源服务质量。

---

① 金波．数字档案馆生态系统研究［M］．北京：学习出版社，2014：230.

1.4 研究思路、内容与方法

1.4.1 研究思路

本书综合运用档案学、信息管理学与公共管理学等多门学科的理论知识，采用网站调查法、案例分析法、专家访谈法等方法，对服务质量导向型数字档案资源建设模式逐层深入展开研究，基本思路框架如图1-1所示。

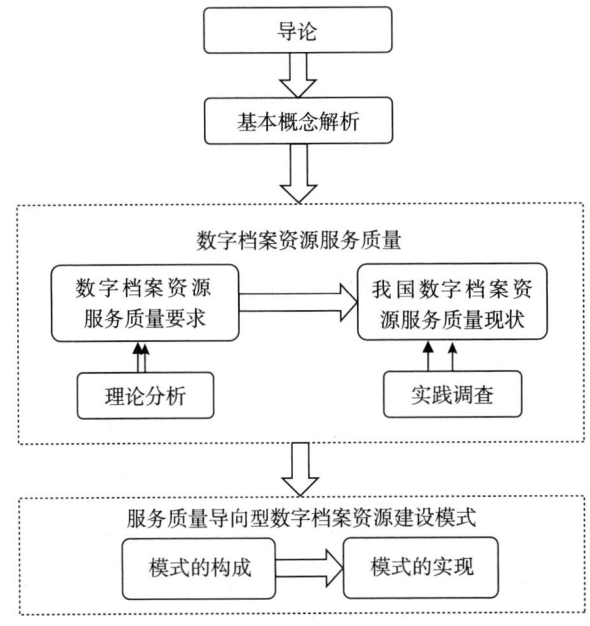

图1-1 研究思路框架

1.4.2 研究内容

本书由如下6个部分构成。

第1章，绪论。本章对研究的选题背景与意义、国内外研究现状、研究范围、研究思路、研究内容、研究方法与创新之处进行介绍。

第 2 章，数字档案资源建设基础性概念解析。档案与档案资源是探讨数字档案资源建设问题所涉及的两个基础性概念，准确理解和把握这两个概念，对于科学认识数字档案资源建设的特点与规律，合理提出服务质量导向型数字档案资源建设的思路与方案有着极为重要的理论意义。本章对"档案"与"档案资源"两个概念进行了深入剖析，为后续问题的探讨提供了相应的理论依据。

第 3 章，数字档案资源服务的质量要求。数字档案资源服务质量水平是衡量数字档案资源建设实际成效的主要依据，数字档案资源建设应以不断提升服务质量为基本导向。本章运用演绎法，在确定数字档案资源服务基本要素的基础上，提出数字档案资源服务质量的具体要求。

第 4 章，数字档案资源服务质量现状分析——基于对国内省级档案网站的调查。网站是综合档案馆开展数字档案资源服务的主要途径。因此，档案网站所提供的数字档案资源服务质量在一定程度上能够反映综合档案馆数字档案资源服务的整体水平。本章在对国内 30 个省级档案网站的数字档案资源服务情况进行调查的基础上，结合数字档案资源服务质量要求，以国际上有代表性的档案网站——美国、英国和澳大利亚三国国家档案馆网站为参照，对其进行评价与分析。

第 5 章，服务质量导向型数字档案资源建设模式的构成。通过对国内省级档案网站的调查发现，我国综合档案馆数字档案资源服务质量水平还有进一步提升的空间。本章基于数字档案资源服务的质量要求，对数字档案资源建设的目标进行分析，继而通过对国内外 4 个典型案例的剖析，归纳出以提升服务质量为导向的数字档案资源建设的理念与策略，最后提出服务质量导向型数字档案资源建设模式的总体框架。

第 6 章，服务质量导向型数字档案资源建设模式的实现。本章通过对国内部分国家综合档案馆相关部门负责人的深度访谈，就服务质量导向型数字档案资源建设模式实现的可行性、障碍与路径等一系列具体问题进行具体分析与探讨。

1.4.3 研究方法

本书主要运用了如下 3 种研究方法。

（1）网站调查法。通过对国内 30 个省级行政区档案网站与美国、英国、澳大利亚三国国家档案馆网站的调查，了解国内外档案网站数字档案资源服务现状。

（2）案例分析法。分析国内外 4 个数字资源建设典型案例——浙江方言语音建档项目、北京记忆项目、纽约市皇后记忆项目与新加坡记忆项目的背景、实施过程、基本措施与实际效果，总结其成功经验，为总结与提出服务质量导向型数字档案资源建设的理念与策略提供启示。

（3）专家访谈法。就数字档案资源建设问题与国家综合档案馆相关部门负责人开展深度访谈，征求实践界专家的意见，具体分析服务质量导向型数字档案资源建设模式的可行性、障碍与路径等问题。同时收集有关数字档案资源建设现状的具体材料与相关意见，为分析数字档案资源服务质量要求与数字档案资源建设目标、理念与策略等问题提供支撑。

1.5　创新之处

本书主要有如下几个方面的创新。

第一，基于主体视角，对档案本质属性进行了重新认识，同时对档案的来源、形成、价值与真实性等问题作了新的阐释。将档案定义为"需要作为证明、反映或说明与其生成过程相关联的事实而留存备用的记录（符号记录）"。这一定义抽象而简约，更有理论涵盖力与包容性，能够更好地解释实践中出现的各种新的档案现象，同时也有利于促进档案实践的发展。

第二，重新定义了档案资源这一概念，辨析了档案资源与档案信息资源两者的关系。指出档案资源是指一定数量的相对于特定主体而言具有有用性的档案。并基于这一定义，厘清了档案资源与档案信息资源的关系。

第三，提出了数字档案资源服务质量模型。在确定数字档案资源服务基本要素的基础上，具体分析了数字档案资源服务的质量要求，提出了数字档案资源服务质量模型。

第四，在统一的研究框架下对数字档案资源建设问题作了专门探讨。基于数字档案资源服务的质量要求，从目标、理念与策略三个层面入手，提出了服务质量导向型数字档案资源建设模式的总体框架，并具体分析了服务质量导向型数字档案资源建设模式实现的可行性、障碍与路径。

第 2 章　数字档案资源建设
基础性概念解析

正如中国人民大学冯惠玲教授在中国档案学会第八届基础理论学术委员会成立大会暨 2015 年年会致辞中所言："这是一个不安分的时代，技术的发展和社会的转型，冲击着档案领域最根本、最基础的问题，档案的来源和形式都发生了变化，档案到底是什么，不是什么，档案工作到底要干些什么，不干什么等一系列的问题都需要重新思考。"因此，在数字时代，我们需要对档案这一事物进行重新认识，对档案工作的内容与边界有所反思。而"档案"与"档案资源"是探讨数字档案资源建设问题所涉及的两个基础性概念，准确理解和把握这两个概念，对于科学认识数字档案资源建设的特点与规律、合理设计数字档案资源建设的思路与方式有着极为重要的理论意义。

2.1　档　案

"档案是什么"一直是困扰我国档案学界的一个重大理论问题，自恢复正规的档案学学术建制以来，就没有停止过探讨与争论。特别是 20世纪 90 年代，学界掀起了讨论"档案本质属性"的高潮，诸多学者都对这一问题进行过探讨，提出了很多有价值、有见地的观点。几经讨论，虽然有了"原始记录性"这一"权威"论断，但这绝不意味着这一问题得到了圆满解决：一方面，缘于事物本身的复杂性，人们认识事物的角度、思路的多样性，以及档案这一事物所处的社会实践环境的不断变化，迄今争论仍在继续；另一方面，数字时代骎骎而来，各种来源广泛、类型多样的记录形式正在进入档案管理者的视野，档案部门也在尝试突破原有的工作与职能边界，档案工作的内容渐趋多样化，传统的档案观已经不能很好地解释和指导这些实践。此前，学界先后出现的有关档案本质属性的诸多说法，都是学者从不同角度对档案这一事物做出的考察，体现和反映了各自的档案观，同时也受到不同时期社会实践背景的制约和影响。面对后现代社会与数字时代的到来而引发的对于档案工作和传统观念的种种挑战与冲击，我们不能再局限于已有的认识与观点，必须对"档案是什么"的问题进行重新审视与思考。

2.1.1　从主体视角认识档案的本质属性

纵观已有研究成果，从表述上来看，有关档案本质属性的说法约有20 种。其中，"原始记录性说"[①] 是最早提出、最有影响力的主流观点。这一观点虽几经阐释和补充，但仍然存在一定的局限：①将原始记录性作为档案的本质属性，使我们在处理文件与档案两者的关系上陷入了"两难"的逻辑怪圈。②"原始记录性"的界定难以完全区分档案与非档案。基于"原始记录性说"存在以上局限，故而从其被提出伊始，就屡遭质疑与批判，不断受到"非主流"观点的冲击与挑战。归结起来，学界陆续提出的"非主流"观点主要有备以查考性说[②]、非现行性说[③]、凭证性作用说[④]、归档与集中保存说[⑤]、三属性交集说[⑥]、结构说[⑦]、鉴定和整理说[⑧]、内在有机联系说[⑨]、双元价值说[⑩]。以上观点的具体内涵、合理性及缺陷和不足，各位学者在学术争论的过程中已经做了较为充分的分析与揭示，在此不再赘述。

[①]　姚史清. 什么是档案的本质属性[J]. 中国档案,1981(1):39 – 40.
[②]　伍振华,禾木. 档案定义新探[J]. 成都档案,1988(2):4 – 6.
[③]　傅荣校. 档案定义刍议[J]. 档案管理,1991(5):31 – 33.
[④]　毛惕凡. 关于档案的本质属性与档案定义关系的探讨[J]. 湖南档案,1992(5):6 – 8.
[⑤]　查启森. 档案"原始记录性"质疑[J]. 图书情报知识,1994(2):63 – 65.
[⑥]　王玉声. 论档案三属性与档案定义三要素[J]. 档案学研究,1996(增):15 – 16.
[⑦]　李福君,张庆一,李可意. 档案本质属性的研究[J]. 档案学研究,1999(1):15 – 17.
[⑧]　王岚. 档案定义的逻辑表[J]. 档案学研究,1999(2):3 – 8.
[⑨]　肖英. 关于档案本质属性的思考[J]. 档案,2001(3):9 – 11.
[⑩]　覃兆刿. 双元价值观与"档案"的定义[J]. 北京档案,2003(9):16 – 19.

事实上，按照认识角度的不同，可以将以上 10 种观点分成两大类：基于客体视角的档案本质属性与基于主体视角的档案本质属性。前者是指从档案本身的形成特点、结构关系、运动状态或价值功能的角度来认识和把握档案的本质属性；后者是指从主体的动机或行为的角度来认识和把握档案的本质属性。以上 10 种观点中的"备以查考性说""归档与集中保存说"与"鉴定和整理说"就属于典型的主体视角，而其余则符合客体视角的特征。主体视角在认识和把握档案本质属性这一问题上有一定的合理性，以下将从这一角度出发，在已有观点的基础上，作进一步的探讨。

档案最初或根本上是一种符号记录，这一说法应该不会有太大的争议。众所周知，在社会实践活动中，档案最初往往不被称为或视为档案，而只是一些诸如公私文书、照片、图纸、单据等普通记录物。其后，在特定的条件下，这些普通的记录物变成了一种冠以"档案"之名的事物。在此过程中，记录实体本身的内容与形式都不发生变化，而其身份则发生了较大的改变——在原来的基础上增加了一种称为"档案"的特殊身份。这一过程与以下事例相似：散落于大自然中大大小小、形态各异的陨石，有些被人类发现并收藏到博物馆或研究所中，成为了陨石标本。相比那些没有被收藏的陨石，被收藏者形态并不发生变化，但却拥有了一种作为标本的新身份。那么，是何种因素促成了这种转变？换言之，后者与前者相比，究竟增加了什么样的特质呢？显而易见，档案与陨石标本和它们的前身相比，只有主客体关系发生了变化，附加了主体赋予的特质：人们想用其作为凭证或者供研究与观赏之用。亦即，档案与普通记录相比，增加了被人们作为凭证的特质；陨石标本与陨石相比，增加了被人们用于研究与观赏的特质。

"在任何社会领域中，活动的形成、发展，以及作用过程和结果，都不可避免地渗透、融合和凝聚着主体的因素，打上主体的痕迹，是人的主体性的对象化。"① 对于像档案、陨石标本这一类事物，其形成与存在具有特殊性：存在的客观性中有人的因素或主观能动性作用，与主体

---

① 袁贵仁. 主体性与人的主体性[J]. 河北学刊,1988(3):23–29.

的意识和行动有极为密切的联系，因而不适合从客体本身具有的特征去界定，而应该从主体的角度来认识。法国著名文献学家布瑞特（Briet），在1951年提出了"作为文献的实体证据（physical evidence as document）"的观点，其将文献定义为"任何实体的或者象征的符号，被保存或者被记录，用来表达、重构，或者证明一个实体的或者概念的现象"①。巴克兰德（Buckland）推论布瑞特文献观有四个要点："第一，物质性，即仅仅是实体对象或实体符号；第二，目的性：对象被有目的地视为证据；第三，对象必须经过处理，必须处理为文献；第四，具有现象学的立场，对象被认为是文献"②。布瑞特揭示了文献作为保存和记录的查考对象的本质，而不管其实际形态如何。"其将文献置于主客体关系下去考察的做法，使文献成为一种具有认识论意义上的存在物，是对主客两分世界观的破解"③，对于我们认识和把握档案的本质属性，也有较大的启示意义。

事实上，从主体视角来界定"档案是什么"，在国内外学者探讨档案定义、档案形成规律（档案与文件的关系）与档案本质属性等问题的过程中已有不同程度的体现。

国外的代表性档案定义，如"档案（原文表述为records）是任何公私机构，在履行其法定职责的过程中，或者在其本职业务过程有关的情况下所制作或收到，并且作为其职能、政策、决定、程序、行动或者其他活动之证据，或者由于其所含内容具有情报价值，而被该机构或该机构之合法继承者所保存或指定加以保存的一切簿册、证件、地图、照片和其他记录材料，而不论其物质形式和特征如何"④ "档案（原文表述为records）是机构或个人在履行法定义务或处理业务事项的过程中，作

---

①　BRIET S, RONALD E, MARTINET L. What is documentation? English translation of the classic French text[M]. Lanham, Maryland, Toronto, Oxford: The Scarecrow Press, Inc., 2006.

②　BUCKLAND M. The centenary of "Madame Documentation": Suzanne Briet, 1894—1989[J]. Journal of the American Society for Information Science, 1995, 46(3): 235 – 237.

③　张锦. 信息与传播: 研究分野与交融[M]. 北京: 知识产权出版社, 2008: 111.

④　谢伦伯格. 现代档案——原则与技术[M]. 黄坤坊, 等译. 北京: 档案出版社, 1983: 21.

为证据和凭证而生成、接收和维护的信息"①，与国内的代表性档案定义，如"档案是机关、组织和个人在社会活动中直接形成的，保存备用的文字、图表、音像及其他各种方式和载体历史记录"②"档案是国家机构、社会组织和个人在社会活动中形成的、保存备用的文字、图表、声音及其各种形式的原始记录"③，虽然内涵不同、表达各异，但无一例外地包含了诸如"作为证据""保存备用"等表征主体目的与行为的词汇。

而学者在探讨档案的形成规律（档案与文件的关系）这一问题时，这种强调主体性的倾向更为明显。吴宝康教授认为："而档案的最后形成，即在文件材料向档案转化的时候，则是人们有目的地保存起来以备日后查考的。"④ 陈兆祦等学者明确指出："档案虽然是由文件转化而来的，但是文件不能自动地成为档案。文件是逐年累月地逐份逐件地产生的，只有把这些文件按照一定的程序和条理集中保管起来，它们才能转化为档案。"⑤ 此外，何嘉荪教授指出："档案仅仅是文件运动过程中文件特定状态的名称。只要客观上有需要，文件就可以被认定为档案，而不管其运动到什么阶段，文书处理程序是否完毕，具有什么样的价值。'按一定规律有意识保存'才是文件向档案转化的最重要的条件和标志。"⑥ 又说"文件被'归档'，作为档案加以保管和利用，是社会主体的自觉行为。人们正是为了将这些文件更加严密地控制起来，才更进一步称其为档案并严加管理的"⑦ "是否让文件'归档'成为档案，以及何时、采取何种形式'归档'，就更强烈地打上了人们主体意志的烙印"⑧。陈忠海教授也认为："可以这么说，档案是人们对具有潜在有用

① 王健. 电子办公环境中文件管理原则与功能要求[M]. 北京:中国人民大学出版社,2012:22.

② 陈兆祦,和宝荣. 档案管理学基础[M]. 北京:中国人民大学出版社,1996:10.

③ 吴宝康,和宝荣,丁永奎. 档案学概论[M]. 北京:中国人民大学出版社,1988:32.

④ 吴宝康,和宝荣,丁永奎. 档案学概论[M]. 北京:中国人民大学出版社,1988:38.

⑤ 陈兆祦,和宝荣. 档案管理学基础[M]. 北京:中国人民大学出版社,1996:13 – 14.

⑥ 何嘉荪. 文件运动理论研究范围刍议——"文件运动模型"再思考兼答章燕华同志之一[J]. 档案学通讯,2007(3):24 – 27.

⑦ 何嘉荪. 用文件生命周期理论指导对档案概念的研究——答宗培岭、谭珍培与百思特同志之一[J]. 上海档案,1998(4):14 – 18.

⑧ 何嘉荪. 应该如何看待中外"文件"与"档案"概念的不同[J]. 浙江档案,1998(11):23 – 25.

性的原始记录性材料选择的结果。这样就能很好地理解，为什么在不同的国家对档案概念和事物有不同的界定，不同的国家留存档案占文件（国外习惯称文件）的比例如此悬殊。"①

此外，在有关档案本质属性的探讨中，有诸多学者已经从不同的方面初步触及到了档案作为主体性的对象化存在这一本质。如王荣声就十分强调档案的"主体"问题："档案是伴随行为主体行为过程而建立和形成的，离开行为主体就没有档案，行为主体乃档案的核心所在。"② 张仕君认为，"档案的本质属性是档案自身固有的、内在的，而不能是人为地强加的"这一观点是不恰当的，而主张"研究档案的本质属性必须摆脱传统观念的束缚，正视人的力量在档案形成中的作用"③。王岚与查启森则分别将"整理鉴定"与"归档和集中保存"作为档案的本质属性。覃兆刿教授基于"双元价值观"，将档案理解为"人类对凭证信息的合目的控制"④，其中的"控制"强调了档案从根本上是一种功能，"合目的"则强调了人类借助档案功能的心理需求及管理技术上的主观能动性。丁海斌教授则认为，"档案是人们有意识保存起来的原始性符号记录"⑤，将"有意识保存"作为种差，强调了档案区别于一般的原始性符号记录的属性。而最具典型性与代表性的观点是伍振华教授提出的"备以查考性"是档案的本质属性。⑥ 虽然这一观点也受到质疑，但其将档案本质属性与实践的观点及反映人的主观能动性结合起来，把主体的动机与保存行为列入档案本质属性的构成要素，强调档案形成与存在的主观性特征，在认识档案本质属性的视角转换上有着重要的启示意义。

基于以上分析，从主体视角来认识档案的本质属性，具有一定的合

① 陈忠海. 档案本质属性与档案属概念的对应关系——对档案本质属性的思考[J]. 档案学研究,2009(2):3-6.

② 王荣声,王玉声. 档案是行为主体目的的行为[J]. 档案学通讯,1995(3):13-16.

③ 张仕君. 档案本质属性研究之研究[J]. 四川档案,2002(2):3-5.

④ 覃兆刿. 中国档案事业的传统与现代化——兼论过渡时期的档案思想[M]. 北京:中国档案出版社,2003:25.

⑤ 丁海斌,李娟. 从信息划分与定义规则出发再谈档案定义[J]. 档案,2011(6):6-9.

⑥ 伍振华. 传统的档案定义方式并没有陷入困境[J]. 档案学研究,1996(2):14-17.

理性与科学性。在现有研究成果的基础上，基于主体视角，可以将档案的本质属性归结为如下两个方面。

（1）符号记录性。目前，国内档案界已经普遍接受在档案定义中不使用"文件"概念，而倾向于将"记录"或"文献"作为档案的属概念。按照丁海斌教授对信息的划分，信息可以分为有记录信息与无记录信息，而有记录信息又可以分为符号记录与实物记录。① 符号记录是指被记录下来的符号信息，这里的"符号"指的是"书写符号（如文字、设计图等）和机器记录符号（如照片、音频、视频等），不包括未被机器记录下来的体态语符号、实物符号（如文物）和语音符号等"②。被普遍使用的"记录"一词，实际上多指"符号记录"，在档案定义中使用的"记录"这一表述，也是指符号记录。记录与国外的"document"一词比较接近，具体涵义为"可被视作一个单元的记录信息或者是信息实体"③ 或"不可分割的信息集合，即某一消息以稳定的句法方式固化于某一载体上。一份 document 应该具有固定的形式和稳定的内容"④。符号记录区别于一般信息或实物记录的特征，就在于其是用符号的形式表达并记录下来的信息。这是符号记录的本质属性。符号记录是档案的属概念，它的这一本质属性自然会"遗传"给档案，成为档案本质属性的一个有机组成部分。换言之，作为档案，它必须首先满足"用符号的形式表达并记录下来的信息"这一基本条件。

（2）主体需要以之作为证据（凭证）而留存备用的目的性。主体是相对于档案这一客体来讲的，是指对档案客体施加影响的个人或组织。例如，档案的形成主体与管理主体（形成主体可能与管理主体重合，也可能不一致），其外延既包括国家、各类社会群体或组织，如政党、军队、政府机关、医院、学校、社会团体、家族和家庭等，也包括个人。严格意义上的证据（凭证）是一个法律术语，指在诉讼中能够证明案件

---

① 丁海斌，李娟. 从信息划分与定义规则出发再谈档案定义[J]. 档案,2011(6):6-9.

② 同①。

③ 中华人民共和国国家质量监督检验检疫总局,中国国家标准化管理委员会. 信息与文献 文件管理:第1部分 通则:GB/T 26162.1—2010[S]. 北京:中国标准出版社,2011.

④ 潘未梅,方昀. 文件档案概念辨析——以 InterPARES 项目为例[J]. 档案学通讯,2013(4):25-29.

真实情况的各种资料；而一般意义上的证据（凭据）则指能够证明或支持某一事实的材料。在此，证据（凭证）有特殊涵义，是指能够证明、反映或说明与自身生成过程相关联的事实的材料。记录的生成是指记录从内容变化到内容固定，从无效到正式生效或对于主体来说从无到有的过程。每一份记录都是由特定的主体，基于特定的目的，在特定的时间与空间以及环境条件下，经由特定的过程产生的，因而其生成过程必定与特定的事实相关联。事实既包括事件或事务，也包括客观事物。例如，一张竣工图，与其生成过程相关联的事实是这份图纸所对应的工程建筑这一事物；一份合同，与其生成过程相关联的事实是这份合同所对应的双（多）方达成合作或协议这一事务；一张某人在某景点拍摄的照片，与其生成过程相关联的事实是某人到了某景点游玩这一事件。因此，从这个意义上来讲，任何记录，不论其具体内容和存在形式如何，本身就蕴含着能够作为一种证据使用的属性，只不过证据价值存在大小的区别。但档案的本质与是否具有证据价值没有直接关系，档案之所以是一种特殊的记录，"特"就特在这种记录附加了主体需要以之作为证据（凭证）而留存备用这一目的。档案不会自然产生，没有主体的这一目的，就不可能有档案的存在。至于其有无证据价值，有多大的证据价值，与档案的真实性有关，但并不成为影响其成为档案的因素，而是另一个层面的问题，亦即档案本质属性的第二个要点：主体以之作为证据（凭证）而留存备用的目的性。在此，值得一提的是，主体的目的并不等于主观目的，而仍然是客观的。譬如，某组织机构的归档范围就体现了其需要选择保存某些业务记录作为凭证（证据）的目的性，而归档范围必定是根据其内部与外部的客观需求而确定的，并非随意和主观选择的结果。

以上两个方面，两位一体，共同构成档案本质属性的整体表达，不可割裂或分开理解与使用。因此，档案可以这样定义：档案是需要作为证明、反映或说明与其生成过程相关联的事实而留存备用的记录（符号记录），也可以简化为"档案是需要作为证据（凭证）而留存备用的记录"。理论性的定义必须是抽象的，具有较大的涵盖力与包容性。这一定义可以在个人、组织（或群体）与国家三个层面上使用，也适用于档案的形成主体与管理主体。当然，在实践工作中，这一定义还可以在本质把握的基础上增加更多的描述，以增强专指性，便于操作。比如，在探讨基于组织机构在规范的业务环境中生成的档案的管理问题时，就可以将定义具体为"机构或个人在履行法定义务或处理业务事项的过程中需要作为证据（凭证）而生成、接收、保存和维护的任何形式的记录"。

此外，笔者不认为"内容固化，不能修改""建立历史联系，成为一个有机整体"等方面是构成档案的要件。因为如果记录被主体作为证据而留存备用，内容自然是固化的，不可修改的。至于"建立历史联系，成为一个有机整体"，这实际上是档案管理中一种为了维护档案真实性与证据价值的策略或方法，档案之间的联系可以体现和反映档案的来源与生成背景，能够为人们对比、分析和鉴别档案的真实性进而确认其身份提供参考。

2.1.2 对档案本质属性几个相关问题的说明

2.1.2.1 档案的来源

按照上文对档案本质属性的认识，档案只是一种比较特殊的记录类型，其外延与同属于记录大家庭的文书、图书、报纸、杂志等是交叉的关系。事实上，只要符合档案的本质属性所规定的条件，任何普通记录都可以转化为档案。因此，档案的来源是多样化的，各种记录包括图书、报纸、信件、手稿、资料等在一定条件下都能成为档案。例如，在某些科研评奖工作中，需要将参评者的著作、论文发表的期刊纳入评审材料，以供评阅。评审结束之后，这些附件如果随同其他材料一起归档保存，以作为评审工作合规性的证明，那么这些用以作为证据并被保存的图书、期刊，在此情况下就转化成了档案。再如，某作家收集并留存刊载其作品的报刊，作为自身发表作品事实的证据，这些报刊就不再是普通的报刊，而是具有了档案意义。当然，在组织机构内部，在规范的业务环境中生成的原生性记录是档案的主要来源，这一部分档案的管理问题也是传统档案学产生的实践基础和档案学研究的主要对象。

2.1.2.2 档案的形成

档案的形成与档案的生成不同。档案的生成是指档案最初作为普通记录，从内容变化到内容固定，从无效到正式生效或相对于主体来说从无到有的过程；而档案的形成则是指主体基于将记录作为证据（凭证）而留存备用的目的并采取相应的管理与控制措施的过程。档案被形成意味着普通记录作为档案的身份正式得到确立，也意味着档案被纳入档案管理程序。在组织内部，档案的形成节点只与主体基于将记录作为证据（凭证）而留存备用的目的并实施相应管控措施的时间有关，与其自身价值变化及运动阶段并无直接关联，也不论其管理部门或保存场所。当然，档案的形成节点可以与档案的生成节点重合，也可以延后。换言之，在组织中，档案形成的时间节点完全可以按照需要自由设定。世界各国档案管理体制存在差异，档案概念的表述也不一致，主要缘于各自对档案形成的时间节点与具体方式的设计不同，但在档案是作为证据（凭证）而留存备用的记录这一本质上并没有区别。例如，按我国现行体制，在归档范围内的任何一份公文，自其被接收或签署生效，这是一个生成的过程。办公室人员对这份公文进行预归档操作或按照既定的归档范围、保管期限进行鉴定、整理与归档，这一过程实际上是我国文书档案的形成节点，体现主体基于将办理完毕的公文作为证据（凭证）而留存备用的目的并对其采取相应的管控措施，因而既标志着这些公文的档案身份正式确立，也标志着这些公文被纳入档案管理程序。

2.1.2.3　档案的价值

证据（凭证）价值是档案的核心价值。"证据性是档案与其他形式的记录信息最本质的区别。"[①] 所谓证据价值，是指能够证明、反映或说明与自身生成背景相关联的事实的作用与功能。事实上，任何符号记录都是在特定的时空和活动中形成的，都能够在一定程度上证明、说明或反映与自身成生过程相关联的事实，也具有证据（凭证）价值。但关键的问题是，具有证据（凭证）价值的并不一定是档案，大部分记录并不被主体用来作为证据（凭证）而留存备用，因而不会成为档案；而且记录的证据（凭证）价值本身有大有小，如果得不到有效的控制与维护，

---

① 吕颜冰. 文件系列：一种后保管的档案整理与编目方法［J］. 档案学通讯，2015（5）：87 - 93.

这一价值无法得到确认和发挥。在档案管理中，通过在不同层次（案卷、系列、组合、全宗、全宗群等）将档案实体组织起来（聚合体），将具有历史联系的档案联结在一起，一方面有利于揭示档案与来源（背景）的联系，使用户更好地确认其真实性；另一方面，则使档案与社会实践形成同构与对应的关系，更好地发挥其在不同层面（具体行为或事件、活动过程、机构记忆、社会记忆与历史）上的证据（凭证）价值，全面真实地再现人类社会实践活动的过程。对于这一点，澳大利亚档案学者弗兰克·阿普沃德（Frank Upward）等提出的档案连续体（Records Continuum）理论已有所说明。除了证据（凭证）价值，档案还有信息（情报）价值与记忆（情感）价值。但这些价值都是基于证据（凭证）价值而衍生出来的。

2.1.2.4　档案的真实性

档案是否具有主体所期待的证据（凭证）价值，取决于其有无真实性。真实性是档案的首要质量要素（在 ISO 15489 中还包括可靠性、完整性及可用性）。所谓真实性包括两层含义：一是指档案确实是在特定的背景下生成的，"在特定的背景下生成"可以这样理解：本来应该的、正常正确的、合乎规范或常理的背景下生成，生成主体、时间与原因都符合实际；二是指档案内容、构成保持最初生成后的原貌，未经非法修改。真实性是档案的生命，维护档案真实性是档案管理的核心目标，也是档案管理的起点。要进一步理解档案真实性的内涵，需要把握以下几个方面的问题。

第一，档案的真实性是指身份的真实，而与内容真实与否无关。档案管理者只对维护档案的真实性负责，而不对档案内容的真实性负责。

第二，档案有真有假，但无论真假都有证据（凭证）价值，只不过，真档案能够符合人们的预期，发挥主体所期待的证据（凭证）价值，而假档案则不能，但同样能够反映和证明与其生成过程相关联的事实，只不过，这一事实不是主体需要证明与反映的。例如，一份造假的人事档案，不能够真实地反映个人情况，不具有真实性，但是能够反映造假这一事实。

第三，档案的真实性是客观存在的，也是可以认识和判断的。档案的内容与结构本身并不能提供真实性的判断依据，要判断真实性，必须根据档案在生成与管理的过程中产生的背景信息来确定。所谓背景信息，就是能够让人们借以了解档案的身份和来源的信息，具体表现：档案与档案之间的联系，档案与来源的联系，档案与管理过程的联系。任何档案都是在一定的背景下生成与管理的。生成背景与管理背景是特定的主体、目的、行为、时间、职能、制度环境、技术环境等的统称。背景信息是档案在生成与管理过程中形成的信息，反映上述环境因素，体现档案在生成和管理过程中的合目的性，能够为人们对比、分析和鉴别档案的真实性提供参考，能够说明档案最初作为普通记录是怎么生成的，后续是怎么管理的。因此，背景信息越丰富，越易于判断档案的真实性。如果背景信息能够告诉人们某一档案确实是在特定的生成过程中产生的，而且得到了较好的控制与保障，那么就可以判断档案是真实的、可信的。在电子文件管理中，元数据是用来识别档案，并对其真实性进行鉴定、对其背景信息进行揭示的重要工具。

第四，档案管理从根本上来讲，就是一种维护证据的机制。其核心目标在于通过对档案进行有效的控制，维护档案的真实性，从而维护和强化档案的证据（凭证）价值（另外两个目标：保护档案实体与信息安全，提供利用服务）。其具体任务包括两个方面：一是通过严密的管控，确保档案在保存期内不被篡改，保持生成时的原貌；二是通过显化和强化档案与生成背景和管理背景的联系，记录和维护背景信息，以便于利用者确认档案的真实性。围绕维护真实性和证据（凭证）价值这一目标，人们在档案管理中探索出了许多独有的原则、思想、方法与技术。例如，历史主义思想、来源原则、全程管理、建立档案历史联系及档案元数据技术等，这是档案管理专业性的体现，也是区别于其他记录（文献）管理的特征。档案管理就是指一种融合和运用一系列维护档案的真实性及其证据（凭证）价值的原则、思想、方法与技术的过程管理模式。

2.1.3　从主体视角认识档案本质属性的意义

回顾历史，纵观国内外，对档案的理解与定义方式既脱胎于特定社会环境与历史传统，也服务于当时的社会实践的需要。从人们开始关注档案现象并将其作为研究对象开始，档案外延本身在经历一个拓展的过程："从传统载体到电子形态，从公文与文书到普通记录，从历史档案到现行档案，从公务档案到私人档案，从国家档案概念到社会—文化档案概念。"① 不同时期对档案的认识都是在特定的历史与社会实践背景下产生的。但随着实践的变化，概念要发展，理论也要发展，这是学科发展的必然规律。从主体视角认识档案本质属性，将档案定义为"需要作为证明、反映或说明与其生成过程相关联的事实而留存备用的记录（符号记录）"，抽象而简约，更有理论涵盖力与包容性，能够更好地解释实践中出现的各种新的档案现象，同时也有利于促进档案实践的发展。具体来讲，其意义主要表现在以下三个方面。

第一，凸显档案领域的独特性。定义抓住了证据（凭证）这个核心，凸显了档案、档案管理与档案学科理论体系的独特性与专业性：(1) 将档案与其他文献（符号记录）区分开来。在文献（符号记录）大家庭中，档案只是成员之一，档案的特质就在于其是主体需要以之作为证据（凭证）而留存备用的对象，但档案与图书、期刊、报纸等其他文献（符号记录）外延均有交叉，只要符合档案的本质属性所规定的条件，任何普通文献或符号信息都可以转化为档案。(2) 将档案管理活动与其他文献（信息）管理活动区分开来。如前所述，档案管理活动在实质上是一种管控证据的机制。围绕维护真实性和证据（凭证）价值这一目标，人们在档案管理中探索出了许多独有的原则、思想、方法与技术。(3) 确立了档案学学科理论体系的内核。上文中对档案本质属性的认识，将"需要作为证据（凭证）而留存备用"这一性质确立为档案学学科理论体系的核心与立足点，在逻辑上能够将档案来源、档案价值、档案的形成、档案真实性等诸问题有机统一起来，充分凸显档案学学科理论的专业性与独立性。

第二，体现档案外延的广泛性。一方面，档案是否能称为档案，是

---

① 特里·库克.1898 年荷兰手册出版以来档案理论与实践的相互影响［R］//第十三届国际档案大会文件报告集. 北京:中国档案出版社,1997:143－176.

相对于某一特定的主体来讲的，保存在国家档案馆中的档案，其相对的主体是国家、政府以及其所代表的社会公众；组织机构或私人保存的档案，其相对的主体是组织或个人，这些档案都是基于特定主体保存凭证（证据）的目的而被管控的，各种不同的主体都可以形成和管理自己的档案。因此，上文中对档案的界定，是一种"大档案"的定义方式，可以在不同层面上使用，在外延上能够将历史档案、组织机构中在规范的业务背景环境下形成的档案以及个人所形成的档案都囊括其中。另一方面，将档案定义为"需要作为证据（凭证）而留存备用的记录"，可以避免之前学界关于原始记录性、档案来源、档案形式和文件－档案的转化关系或条件等问题的各种争论，能充分包容传统的档案种类与在实践中产生的新的档案种类，有利于从横向（档案来源）与纵向（运动阶段）上拓宽档案的外延，充分体现后保管范式的精神内核，便于在更广阔的社会文化与记忆背景下认识档案与档案工作。

第三，增强档案工作的拓展性。正如加拿大档案理论家泰勒（Taylor）所说："只有无限探索和拓展，触碰整个档案行业的局限……我们才能逃脱死水一潭的状态，这种状态尽管平静、舒适，但却暮气沉沉，行将落伍。"[①] 不论是从档案工作者自身来讲，还是着眼于整个档案事业，拓展与发展都应该成为档案工作的主题。然而，受制于传统的档案观，档案工作的拓展缺乏足够的理论依据与支持，举步维艰。从主体的视角认识档案的本质属性，将档案定义为一种需要作为证据（凭证）而留存备用的记录，强调了档案形成的主动性，有利于将档案工作的专业性与拓展性统一起来，对于组织机构内部与社会层面的档案工作拓展都有重大的指导意义：（1）在组织机构内部，主体基于将记录作为证据（凭证）的目的并采取相应的管理与控制措施，就标志着档案的正式形成。因此，档案形成的时间节点，完全可以按照需要自由设定，只要档案作为普通记录已经生成，生成的时间节点以及在其后的任何一个时间点都可以成为档案的形成节点，都可以成为将记录纳入档案管理程序的节点，而不必拘泥于其是否归档，是否进入档案部门。这一认识有利于突破现有的文件与档案两分的管理体制，增强档案管理与业务活动的联结性和互动性，从观念上、理论上为组织机构特别是企业内部实现文件档案集成管理提供依据，既适用于解释我国传统的实践，又适用于在电子环境下重新设计文件与档案管理工作体制。（2）在社会层面，按照上文对档案本质属性的认识，档案的形成具有主动性的特征：主体并非只能被动地保存在其活动过程中留下的原始记录，基于保存凭证（证据）的需要，个人、组织或群体可以有意识地、主动地创建或收集各种不同形式的记录，而这些作为凭证（证据）而留存备用的记录，不论其是文书、图书、报纸、杂志、图片、影像、录音、信件、手稿、资料还是网页与数据，都属于档案的范畴。这一认识可以为档案部门拓展工作思路，更加积极主动地参与文化建设与社会服务，开展诸如网络信息存档、记忆工程、家庭档案建设与非物质文化遗产保护等主动建档工作提供理论支持，进而促进公共档案馆的资源建设，提高档案部门的影响力与服务力，推动档案工作社会化。

2.2　档案资源

2.2.1　档案资源的内涵

2.2.1.1　"档案资源"使用历程概览

早在 20 世纪 80 年代初，国内档案界就开始使用"档案资源"一词，零星见于论文、新闻报导与讲话稿中。为具体分析"档案资源"的使用情况，在 CNKI 文献数据库中，以"档案资源"为检索词分别进行跨库（包括期刊、年鉴、硕博论文、会议、报纸、商业评论、标准与专利等）全文检索与篇名检索（检索时间为 2020 年 1 月 20 日），得到如图 2 - 1 和图 2 - 2 所示数据。

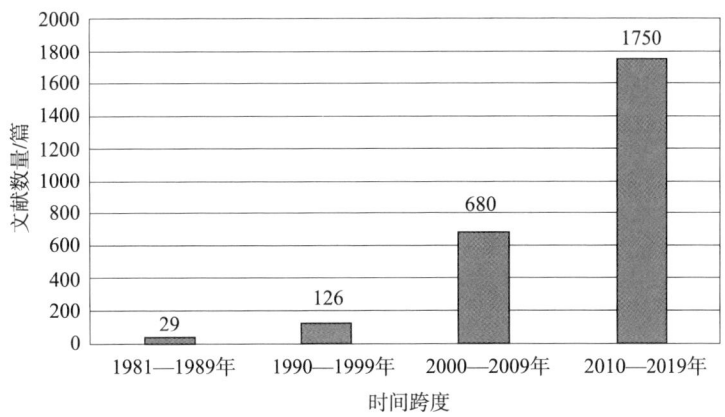

图 2 - 1　CNKI 文献数据库"档案资源"篇名检索结果

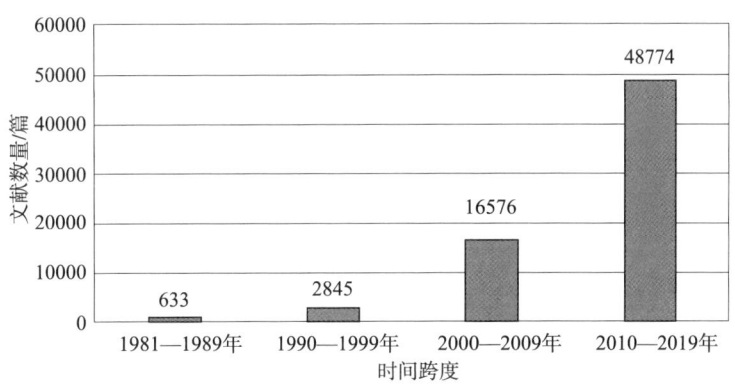

图 2 - 2　CNKI 文献数据库"档案资源"全文检索结果

从以上数据可知，30 余年来，"档案资源"一词使用频率总体上呈现不断上升的趋势。此外，无论是从全文检索还是从篇名检索的结果来看，从 2000 年开始，"档案资源"的关注度与使用率都出现了爆炸式增长，逐渐成为国内档案界理论研究与实践工作中的热词。对 1981—2019 年 CNKI 文献数据库中以"档案资源"作为检索词进行篇名检索得到的 2585 篇文献进行分析可知，20 世纪八九十年代，有关"档案资源"的文献主要聚焦于"档案资源开发""档案资源利用"两个主题，而从 2000 年开始，焦点转换为"国家档案资源建设""档案资源整合"与"档案资源共享"。自 2010 年以来，"数字档案资源"又成为新的关注点。

"档案资源"相关研究主题的变迁反映了国内档案界工作重心的变化，有着相应的社会背景与动因。1978年，我国开始实行改革开放，经济建设成了"中国最大的政治问题"①，政府各个领域的工作重心都转移到为经济建设服务上，党的十一届三中全会以后，档案工作开始进行整顿与恢复，并将"积极开展档案的利用工作、为社会主义现代化建设服务"作为主要目标。基于这一背景，档案工作者也开始将档案视为一种能够参与经济建设，促进生产力发展的有价值的要素，将其列入"资源"的范畴。因而，在这一阶段，"档案资源开发"与"档案资源利用"成为新的工作重心，相关的文献也见诸报纸杂志。

随着社会主义市场经济的建立和发展，信息技术的广泛应用，政府信息化建设的推进，我国加入世界贸易组织，国家档案资源的存在形式、归属、流向、保管、提供利用等诸多方面都发生了深刻的变化。2001年12月召开的全国档案工作会议明确提出加强国家档案资源建设的任务，这也成为各级档案部门的一项工作重点。随后，2002年国务院《政府工作报告》提出了政府职能向公共服务转变的指导思想。为提高国家综合档案馆服务经济社会发展的能力，促进档案事业的创新发展，从2002年开始，顺德、浦东、深圳、安徽和县等地开始尝试对传统条块分割的档案管理体制进行改革，探索对综合、城建等档案资源实施整合管理。此外，在科学发展观的指导下，坚持以人为本，高度关注民生成为社会治理的重要原则。社会治理的重大转向给档案工作带来了深远的影响。这一时期档案工作的重心逐步转移到服务公众与服务民生上。2007年，国家档案局出台《关于加强民生档案工作的意见》，民生档案的建设和服务成为国家档案馆一项重要工作。2008年，时任中央档案馆馆长、国家档案局局长杨冬权在全国档案工作会议上又提出档案工作要实现"两个转变"，建立"覆盖人民群众的档案资源体系和方便人民群众的档案利用体系"。因此，在2000—2010年间，伴随着改革的深入与社会的转型，"档案资源"成了实践界与理论界共同关注的热点，讨论

"国家档案资源建设""档案资源整合"与"档案资源共享"的文献大量出现。

随着社会各个领域信息化建设的推进，档案工作也逐渐迈入了现代化、网络化、智能化的发展轨道。数字档案馆是提高档案馆工作效率和现代化水平，确保数字档案永久存储与安全保管，实现档案信息资源社会共享的有效途径。因此，数字档案馆建设成为档案信息化建设的重要内容。时至今日，"我国数字档案馆发展呈现省市县级国家综合、企业、高校、专门行业等种类各具特色、覆盖地域广泛、建设类型多样的格局"①。为规范和进一步推进数字档案馆建设，2010 年，国家档案局发布《数字档案馆建设指南》，其中提到"数字档案资源建设是数字档案馆建设的核心内容，也是一项经常性的业务工作"。此外，中国人民大学冯惠玲教授从 2011 年开始陆续提出了信息时代的档案记忆观与资源观②③，认为数字资源建设是当今时代档案资源建设的一个重要内容，由此引发了数字档案资源建设与数字记忆项目建设的热潮。基于以上背景，从 2010 年开始，"数字档案资源"成了实践工作与理论研究的新议题，相关文献也主要围绕"数字档案资源建设""数字资源库建设""城市数字记忆工程"与"数字记忆项目"等主题而展开。

2.2.1.2　档案资源概念界定

在早期的文献中，"档案资源"这一概念虽然被频繁使用，但一直没有被给予严格意义上的定义。最早有关档案资源内涵的描述是时任国家档案局局长毛福民对于"国家档案资源"的界定，他指出："国家档案资源是指过去和现在的国家机构、社会组织和个人在社会活动中形成的对国家和社会有保存价值的档案的总和。"④ 这一定义获得了广泛的认可，在学界基本形成共识。戴志强就直接引用了这一定义⑤，傅华、刘

---

① 刘婧. 论我国数字档案馆发展的四个阶段[J]. 档案天地,2015(5)：38 - 39,54.
② 冯惠玲. 中国记忆与数字档案资源在广州——冯惠玲在幸福档案资源体系建设论坛上的演讲[EB/OL].[2018 - 01 - 22].http://www.gzdaj.gov.cn/gzdt/201109/t20110909_57047.htm.
③ 冯惠玲. 档案记忆观、资源观与"中国记忆"数字资源建设[J].档案学通讯,2012(3)：4 - 8.
④ 毛福民. 以"三个代表"为指导全面加强国家档案资源建设[J].中国档案,2002(2)：5 - 7.
⑤ 戴志强. 国家档案资源整合的涵义及其运作机制探讨[J].档案学通讯,2003(2)：4 - 7.

大江等在其论文中也有类似的表述①②。另外，有部分学者在认同定义的基础上，对其做了补充性阐释。黄存勋先生认为，"国家档案资源所强调的'保存价值'，既是针对国家机构而言的，更是针对其他社会组织和广大公众而言的，国家档案资源在外延上既包括国有档案，也包括非国有档案"③。黄项飞对这一定义所包含的若干要素（档案来源、价值取向与载体形式）做了进一步的解释。④ 潘玉民教授从法律维度对定义的表达进行了调整，他对国家档案资源的定义：一切公民、法人和其他组织形成的对国家和社会有保存价值的档案的集成，同时对该定义涉及的主体范围、价值基点以及用'集成'代替'总和'的原因都做了具体说明。⑤ 上述定义重心都是"国家"，主要用于讨论"国家档案资源建设"这一实践问题，只涉及了档案资源的部分内涵。

直接针对档案资源的定义与描述很少，具有代表性的主要观点：薛匡勇教授认为，"档案资源是指过去和现在的国家机构、社会组织和个人在社会活动中形成的对国家和社会有保存价值的档案的总和，但不能简单地把档案等同于档案资源，也不能把任何经过组织管理的档案等同于档案资源，档案成其为档案资源的充分条件是档案的有用性与可开发性"⑥。管先海先生将档案资源定义为"档案的物质载体及其所含的信息，档案作为一种物质载体固然是一种资源，但档案之所以成为一种资源，更重要的是在于它所含的信息内容"⑦。

以上两种观点角度迥异，都有一定的合理性，但还值得进一步商榷。"档案资源"是一个合成词，要科学界定其内涵，首先必须准确揭示"资源"的含义。"资源"概念的产生由来已久，最初源于经济学科，是作为生产实践自然条件的物质基础提出来的，具有实体性的特征。

① 傅华. 国家档案资源建设研究[D]. 北京：中国人民大学，2005.
② 刘大江，陈祯祥，黄淑平. 对国家档案资源优化配置的思考[J]. 档案时空，2008（10）：13 – 15.
③ 黄存勋. 论国家档案资源建设的理论与体制创新[J]. 档案学通讯，2004（2）：76 – 79.
④ 黄项飞. 国家档案建设的创新思维[J]. 浙江档案，2005（4）：18 – 19.
⑤ 潘玉民. 论国家档案资源的内涵及其构成[J]. 北京档案，2001（1）：17 – 20.
⑥ 薛匡勇. 论档案资源建设[J]. 浙江档案，2002（12）：6 – 7.
⑦ 管先海. 档案馆开发档案资源的含义、形式与措施[J]. 档案学研究，1994（2）：33 – 34.

《辞海》对资源的解释："资财的来源，一般指天然的财源。"联合国环境规划署（United Nations Environment Programme，UNEP）对"资源"这样定义："所谓资源，特别是自然资源是指在一定时期、地点条件下能够产生经济价值，以提高人类当前和将来福利的自然因素和条件。"但"资源"是一个动态的概念，人类的资源观也是不断变化的，而且从不同的角度出发，对其也会有不同的理解。时至今日，这一概念的内涵和外延已经发生了较大的变化，并在各个专业领域被广泛使用，成为一个十分活跃的词汇。在人类思想史上，人们对资源概念的认识、理解，经历了一个不断深化的过程。李维华等梳理了资源概念内涵与外延发展变化的过程，认为"资源概念经历了四个大的发展阶段，人们对于资源的理解在外延上越来越宽泛、在范畴界定上也越来越准确"[①]。最早的资源概念的外延相对狭窄，仅指土地、矿产、森林、水等自然资源，亦即与人类社会发展有关的、能被利用来产生使用价值并影响劳动生产率的自然诸要素，这是人类生存和发展的物质基础和社会物质财富的源泉。早期的资源观倾向于将物质与有形的物体视为资源，而看不见或无形的东西被排斥于资源之外。随着商品经济的发展，诸如资本、人力与技术等非自然要素也被纳入资源的范畴，资源不但包括自然资源，还包括社会资源与经济资源。当人类步入知识经济时代，信息、知识等无形资产在经济社会发展中的价值和作用日益凸现，与物质、能量等基础要素并驾齐驱，共同维持和促进经济及整个社会的发展。因此，有学者认为："资源可分为自然资源、社会资源和知识资源，如果把资源按层次划分的话，基础是自然资源，然后是社会资源，其次是知识资源。"[②] 当下，人们对于资源本质的认识进一步深化，对资源概念的界定更加抽象，其外延扩大到几乎无以复加的程度，理论界出现了"大资源""泛资源""整体资源""全面资源"及其他类似的说法。资源的内涵已经演化为：

[①] 李维华,韩红梅. 资源观的演化及全面资源论下的资源定义[J]. 管理科学文摘,2003(2):10 – 14.

[②] 霍明远. 资源科学的内涵与发展[J]. 资源科学,1998(2):11 – 16.

"所谓资源，简单地说，就是主体用以实现其特定目的的凭借。"① 按照这一定义，只要是相对于任何主体来说为实现某一目而可资利用的一切有形的或无形的、物质的或非物质的、自然的或者社会的要素或价值，都可称为资源。资源概念是纯粹功能性的，不能同主体需求与主体能力相分离。因此，可以这样说，能利用并给利用者带来利益和达到一定的目的，是资源的本质属性。某一事物之所以被视为资源，就在于其相对于主体的目的而具有有用性。

随着资源概念外延的不断拓宽，这一概念逐步被引入国内图书情报与档案界，与其原有的核心概念与术语相组合，形成了诸如馆藏资源、文献资源、信息资源、知识资源、数字资源、档案资源与档案信息资源等一系列新概念。基于对资源概念的认识，所谓档案资源就是指一定数量的、相对于特定主体而言具有有用性的档案。档案资源概念一般在特定的情境下使用，总是相对于某一特定的主体与目的而论的。这一概念的形成，是基于人们对档案价值的重新认识与高度肯定。值得说明的是，档案资源的价值主体具有普遍性和广泛性，既包括国家与社会、组织机构和社会群体，也包括个人。基于特定的主体与特定的需求，任何形式的、一定数量的档案都可以称为档案资源。

2.2.1.3 档案资源与档案信息资源辨析

档案信息资源是与档案资源最相近的一个概念，二者极易混淆。在当前我国信息化建设的大背景下，档案信息资源在档案领域也是一个使用率很高的词汇。要准确把握档案资源的内涵，必须对两者进行辨析，明确两者的联系与区别。

从20世纪50年代后期开始，以美国为首的西方国家开始了一场由计算机、微电子和通信等信息技术而引发的产业革命，启动了从工业社会向"信息社会"过渡的历史进程，掀起了人类社会发展的"第三次浪潮"。信息技术和信息产业在经济和社会发展中的作用日益加强，并发挥主导作用。信息成为可再生资源与非再生资源之外维持人类社会生产

---

① 李维华,韩红梅. 资源观的演化及全面资源论下的资源定义[J]. 管理科学文摘,2003(2):10－14.

活动、经济活动和社会活动的又一种重要的资源。美国社会预测学家约翰·奈斯比特（John Naisbitt）于 1982 年发表了《大趋势·改变我们生活的十个新方向》，其中指出："在信息社会里起决定作用的不是资本而是信息知识。在工业社会里，战略资源是资本；在信息社会里，战略资源是信息。" 1978 年，党的十一届三中全会作出了把党和国家的工作重点转移到经济建设上来，实行改革开放的伟大决策。大力发展生产力，大幅度提高经济建设水平成为国家最为迫切的任务。同时，开放战略的实施，西方国家有关信息社会与信息资源的新理念与新理论被引入国内，由此兴起了一股"信息热潮"，使"信息"与"信息资源"一度成为非常时髦的话题。为迎接新的全球性的技术革命的挑战和适应社会信息化的发展要求，党中央也把开发信息资源提上重要的议事日程。1984 年 9 月，邓小平同志为《经济参考》书写了"开发信息资源，服务四化建设"的题词，吹响了我国信息资源开发的号角。在这一题词的号召下，档案界最先做出反应。1985 年 2 月，中共中央、国务院批转中央办公厅、国务院办公厅《关于调整我国档案工作领导体制的请示的通知》（中委〔1985〕29 号），提出了"大力开发档案信息资源，使档案工作更好地为党的总任务、总目标服务，为建设社会主义物质文明和精神文明服务"的战略任务和工作方针。1985 年 8 月召开的全国档案馆工作会议，也提出要大力开发档案信息资源，为社会各方面工作服务。档案信息资源是国家全部信息资源的重要组成部分，是其他任何信息资源所不能代替的原生信息资源，成为业内的共识。"档案信息资源"这一概念开始在各种场合广泛使用，相关的文献也逐年增多。自 20 世纪 90 年代以来，西方发达国家信息技术不断创新，信息产业持续发展，信息网络广泛普及，信息化成为全球经济社会发展的显著特征。进入 21 世纪，信息化对经济社会发展的影响更加深刻。为跟上时代发展潮流，我国主动迎接信息化发展带来的新机遇，提出了加快信息化建设，迈进信息社会的重要战略。20 世纪 90 年代，我国相继启动了以金关、金卡和金税为代表的重大信息化应用工程；1997 年，召开了全国信息化工作会议；党的十五届五中全会把信息化提到了国家战略的高度；党的十六大进一步作出了以信息化带动工业化、以工业化促进信息化、走新型工业化道路的战略部署；党的十六届五中全会再一次强调，推进国民经济和社会信息化，加快转变经济增长方式。"十五"期间，国家信息化领导小组对信息化发展重点进行了全面部署，作出了推行电子政务、振兴软件产业、加强信息安全保障、加强信息资源开发利用、加快发展电子商务等一系列重要决策。① 随着信息化建设的不断推进，信息资源管理与开发的重要性日益凸显。2004 年 12 月 12 日，中共中央办公厅、国务院办公厅发布了《关于加强信息资源开发利用工作的若干意见》（中办发〔2004〕34 号），提出要"高度重视信息资源开发利用对促进经济社会发展的重要作用"。与此同时，从 20 世纪 90 年代开始，理论界也掀起了研究信息资源的热潮，信息资源管理成为众多学科共同关注的交叉研究领域。受此影响，档案界有关"档案信息资源管理"的研究也逐年升温，并突破了早期仅仅停留于"开发档案信息资源"这个单一主题的局限，开始向"档案信息资源管理""档案信息资源共享""档案信息资源配置"等多个维度展开更深层次的探讨，成为信息资源管理领域的十大研究热点之一。② 有学者还从捍卫国家利益、经济发展、社会进步、科技创新和文化繁荣等几方面阐述了档案信息资源在国家经济社会发展中的综合作用③，并认为"我国图书情报与档案管理学科经历了对文献的管理—对信息的管理—对信息资源的管理—基于信息资源的管理四个阶段，图书情报与档案管理学科已成为信息资源管理学科群的主体，应该承担起对信息社会核心资源——信息资源及其管理的内在规律性进行全面研究的历史重任"④。有学者甚至认为，"在档案信息、档案信息资源管理研究的发展过程中，逐步形成了档案信息资源管理理论范型的共同体，档案信息资源管理是当代档案管理之主流范式"⑤。

---

① 国务院信息工作办公室政策规划组. 国家信息化发展战略学习读本[M].北京:电子工业出版社,2007:10.

② 肖明,李国俊,杨皓东. 国内信息资源管理研究热点分析[J].情报科学,2011(4):534-538.

③ 冯惠玲. 档案信息资源在国家经济社会发展中的综合贡献力[J].档案学研究,2006(3):13-16.

④ 冯惠玲. 从文献管理到基于信息资源的管理——图书情报与档案管理学科的创新发展之路[J].情报资料工作,2013(3):6-10.

⑤ 丁华东. 档案学理论范式研究[M].上海:世界图书出版公司,2014:189.

如前所述，档案信息资源这一概念的提出已有时日，使用率也颇高。但对这一概念的内涵与外延进行深入剖析的研究却并不多见，以致有人如是说："遍读相关论著，令笔者感到无奈的是似乎没有找到一个能够接受的、表述严谨的档案信息资源概念，如今我们对档案信息资源概念的认识依然颇为欠缺。"① 造成这一现象的主要原因在于，档案界长期将档案、档案信息以及档案信息资源三个概念混淆使用。1979 年，著名科学家钱学森曾撰文指出："从系统工程的技术角度来看，情报资料、图书、文献和档案都是一种'信息'，这种系统工程的目的就是信息的存储、信息的检索和提取、信息的传输和信息的显示，所以这整个技术可以称为信息系统工程。"② 这一观点，为当时身处"信息热"潮流之中的档案工作者寻求生存与发展空间提供了重要依凭。受此观点的影响，诸如"档案是一种重要的信息，是其他任何东西所不能代替的一种原生信息"③，以及"档案是信息的一种，档案部门是储存、输送信息的一个部门"④ 等观点一时盛行，"信息论"成为认识档案与档案工作的一个重要理论框架。20 世纪 80 年代中期以后，随着国外信息社会理论的传入，人们开始认识到信息的重要价值及其可以成为资源的性质。既然信息被视为一种资源，那么，档案信息自然也是资源，而且是不可替代的重要资源。在 1985 年邓小平同志有关开发信息资源的题词的导引下，档案与档案信息就被贴上了更为时髦和吸睛的标签——资源。"在信息资源海量增长的现代社会，档案信息资源作为一种最原始、最真实、最可靠的信息正发挥着其他信息无法替代的重要作用。"⑤ "在当今信息时代，档案作为人类社会记忆工具，已成为一种可贵的信息资源。"⑥ "从本质上说，档案信息是潜在的生产力，是可供开发利用的重

---

① 于晓庆．也谈档案信息资源概念[J].档案与建设,2014(2):13－14.

② 钱学森．论系统工程[M].上海:上海交通大学出版社,2007:24.

③ 任遵圣．新技术革命与档案资源[J].档案与建设,1984(1):8－10.

④ 吴宝康．开发档案信息资源是当前我国档案界面临的中心课题——吴宝康教授在华东地区档案协作组第四次会议上的讲话[J].浙江档案,1987(1):5－6.

⑤ 马伏秋．2000 年以来档案信息资源开发与利用研究述评——基于《档案学通讯》《档案学研究》的论文分析[J].档案学通讯,2015(1):45－51.

⑥ 王景高．论档案信息资源开发[J].档案学通讯,2000(5):19－22.

要信息资源。"① 基于以上观点，可以很容易推导出"档案是信息""档案信息是信息资源""档案是信息，是信息资源"的结论。这就使档案信息资源成为与档案、档案信息含义几乎等同的概念，自然不需要再重新定义。而且，最初档案信息资源这一概念主要是基于对邓小平同志题词的响应，作为一种工作口号而被使用，因而也没有人过多地去考究其理论内涵。显然，简单地将三者等同起来，既不利于理论研究的深化，也不利于实践工作的深入。因而，也有很多学者对此提出了质疑，冯惠玲等学者将档案视为一种信息源，而不是等同于信息。② 田炳珍认为，"档案与信息、信息资源有着密切的联系，但在表述和理解时不能简单地等同，档案信息成为资源有三大条件，即有用性、规模性、系统化管理"③。宗培岭则认为，"档案信息构成信息资源的必要条件是信息管理，只有经过加工整理的档案信息才能融入信息资源的范畴"④。遗憾的是，这些观点并没有改变档案界对三个概念相互混淆、使用混乱的状况。

然而，通过文献回顾可知，自档案信息资源这一概念提出以来，也有少数学者对其下过为数不多的几个定义。潘连根认为，"档案信息资源实际上是有用的档案信息"⑤。李欣也有类似的观点，"档案信息资源的概念涵盖在信息资源概念中，是信息资源的一个组成部分，档案信息资源是适应生产力的发展水平，通过人类的参与而获取的可利用的档案信息"⑥。于晓庆认为，"档案信息资源是指以文字、图形、图像、声音、动画和视像等形式储存在档案和档案信息产品上并可供利用的信息资源"⑦。

上述定义实际上反映出认识档案信息资源这一概念的两种理路，即以档案信息或以信息资源作为档案信息资源的属概念。本书选用前者来定义档案信息资源。根据上文中对于资源内涵的分析，可以将档案信息

---

① 李士智. 社会利用规律与档案资源开发[J]. 档案学通讯, 1989(3): 18-20.

② 冯惠玲. 论档案信息源[J]. 档案学研究, 1989(4): 13-16.

③ 田炳珍. 档案信息资源——一个需要深入研究的课题[J]. 档案, 1997(3): 15-17.

④ 宗培岭. 对档案信息资源管理的再认识[J]. 上海档案, 2001(3): 10-13.

⑤ 潘连根. 档案信息资源相关概念辨析[J]. 档案与建设, 1998(5): 9-10.

⑥ 李欣. 当代档案信息资源开发研究[J]. 档案学通讯, 2003(5): 51-54.

⑦ 于晓庆. 也谈档案信息资源概念[J]. 档案与建设, 2014(2): 13-14.

资源定义为一定数量的、相对于特定主体而言具有有用性的档案信息。档案资源与档案信息资源的区别等同于档案与档案信息的区别。而对于档案信息的含义,学界相关的讨论很多,尚未形成统一的定义。赵屹归纳了两种具有代表性的观点:"一是档案信息是源于档案的信息,档案是档案信息源,档案信息 = 档案内容与载体的原生信息 + 档案内容与载体的派生信息;二是档案信息就是档案本身,档案即信息。"① 即便认定档案本身就是一种信息,将档案信息等同于档案也不符合逻辑,相比之下,第一种观点较为合理。因此,档案资源与档案信息资源都是从资源的功能效用的角度来认识档案与档案信息而产生的概念,但两者的外延存在从属关系或不相容关系,并非同一关系,不能混淆使用。

2.2.2 档案资源的分类

对事物进行分类,在逻辑上就表现为对其概念进行划分,以明确和把握其外延范围。而要对概念进行划分,首先要明确其标准。

张莉在她的系列论文中详细阐释了档案概念划分标准及按照不同标准划分而形成的概念的不同功用。她认为,档案概念的性质由两方面构成:一方面是档案最基本的特性,这是所有档案所共有的;另一方面是档案的特殊性质,正因为特殊性质的不同,才形成了不同的档案概念。"这种特殊性质包括自然属性与社会属性,自然属性是档案自身所固有的、不以人的意志为转移的属性,而社会属性是档案在社会发展过程中受社会因素影响而形成的反映人与人之间关系的属性。"② 基于此,按照内容与形式特征等自然属性划分,可以得到科技档案、文书档案、人事档案等自然性档案概念;按照来源、所有关系等社会属性划分,可以得到企业档案、公共档案、私人档案、国有档案、非国有档案、家庭档案等社会性档案概念。

档案资源是档案的下位类概念,档案概念划分标准同样适用于档案

① 赵屹. 新媒体环境下的档案信息服务[M].上海:世界图书出版公司,2015:3 – 4.
② 张莉. 从自然性概念到社会性概念——我国档案概念演变的历史逻辑[J].档案学研究,2007(2):9 – 12.

资源概念。按照上文中张莉的观点，档案资源可以按照其自然属性与社会属性进行划分，得到自然性与社会性两种类型的档案资源概念。自然性档案资源是按照档案资源的内容与形式特征等自然属性划分而得到的概念。按照内容特征，可以分成文书档案资源、科技档案资源与专门档案资源；按照形成时间特征，可以分为历史档案资源与现行档案资源；按照载体形式特征，可以分为传统载体档案资源与数字档案资源。社会性档案资源是按照档案资源的来源、所有关系特征等社会属性划分而得到的概念。例如，国家档案资源与社会档案资源、体制内档案资源与体制外档案资源、家庭档案资源、企业档案资源、公共档案资源与私人档案资源等。在此，仅就本研究中涉及的几组概念做具体阐释。

2.2.2.1 传统载体档案资源与数字档案资源

传统载体档案资源是指以纸张、胶片、录音录像磁带等作为载体的档案资源。区别于传统载体档案资源，数字档案资源是指以二进制代码形式存在并存储于光盘、磁盘等介质上的档案资源。数字档案资源由两部分构成：一部分由原生性电子文件归档转化而来，另一部分则是对传统载体档案资源进行数字化加工处理而得到的数字副本。本书中的数字档案资源概念就包括以上两个部分的内容。

2.2.2.2 国家档案资源与社会档案资源

国家档案资源概念是在"国家档案全宗"概念的基础上发展而来的，最早提出于21世纪初。当前，有关国家档案资源概念的诸多定义，虽然各自表述不一，但都无不强调其是"对国家和社会有保存价值"的档案的总和。这种根据价值与效用的指向性来划定其外延的界定方式，在理论上突破了档案形成主体、所有权归属、保存场所与存在形式的限制，使国家档案资源的外延得到了极大的拓展。其中"对国家和社会有保存价值"的内容，是国家依法管理档案的依据，实际上划定了档案法的效力范围。但与此同时，正因为"对国家和社会有保存价值"这一表达的模糊性，如何准确地确定其范围，成为实际操作中一个新的难题。随着社会治理方式的转变与社会结构的转型，在国家权力与政治控制的范围之外，产生了诸如信用档案、大学生心理档案与医疗健康档案等与社会管理与公众利益相关的新型档案种类,因而有学者提出了社会档案资源的概念,用以对这一系列的新型档案进行概括。所谓社会档案资源是指"由社会组织、家族家庭或公民个体形成、所有并管理,倾向于公民个体个性化档案服务的新型档案资源"①。因此,从这一定义来看,社会档案资源与国家档案资源并非一组具有矛盾关系的概念,在外延上两者具有交叉性。

2.2.2.3　体制内档案资源与体制外档案资源

有学者在国家档案资源、社会档案资源、民间档案资源等概念的基础上,从管理权的角度,提出了体制内档案资源与体制外档案资源的概念。"所谓体制内档案资源是受各项档案管理制度规范和约束的、在档案行政管理部门控制下的、保存在国家档案馆网体系之内的档案资源,也可以称之为'档案馆资源';凡是不在国家各级各类档案保管机构管理的档案,都是体制外档案资源。"②

2.2.2.4　公共档案资源与私人档案资源

公共档案资源与私人档案资源存在两种区分方式。一是按照形成领域 + 所有权区分:公共档案资源是指国家机构或其他公共组织在公务活动中形成的为社会所有的档案资源;私人档案资源则是指私人或私人组织在社会活动中形成的为私人所有的档案资源。二是仅按照所有权区分:公共档案资源是指属于社会公产、归国家管理的档案资源,私人档案资源可以定义为"由非官方性质的机关、团体、组织和个人所有和管理的档案资源"。

---

① 赵爱国,任文娜. 现代化进程中的社会档案资源的结构与服务体系初探[J]. 档案学通讯,2011(6):73 – 76.

② 王萍. 体制外档案资源概念的界定[J]. 档案管理,2014(1):7 – 9.

第3章　数字档案资源服务的
质量要求

　　档案的资源属性决定了档案资源的收集、组织与保存应具有较强的目的性与针对性，与档案资源的提供利用和服务紧密相关。因此，档案资源服务是档案馆工作的"落脚点"与"输出端"，其质量水平是衡量档案资源建设实际成效的主要依据，档案资源建设应以不断提升档案资源服务质量为基本导向。随着档案信息化建设的不断推进，数字档案资源数量不断增加，数字档案资源服务成为档案机构普遍开展的一种新的服务模式。国家综合档案馆开展数字档案资源建设和信息化建设的根本目标在于提升自身服务能力，充分发挥档案资源优势，为社会各界服务。因此，了解和掌握数字档案资源服务的具体质量要求，对于科学有效地推进数字档案资源建设至关重要。那么，数字档案资源服务质量可以从哪些方面予以衡量，具体有哪些维度？本章运用演绎思维，在确定数字档案资源服务基本要素的基础上，提出数字档案资源服务质量的具体要求。

3.1　数字档案资源服务概述

　　长期以来，服务性一直被认为是档案馆的基本属性之一，开展服务也是国家综合档案馆一个基本职能与任务。1983 年 4 月，国家档案局发布的《档案馆工作通则》第三条就明确规定：档案馆的基本任务是在维护党和国家历史真实面貌的前提下，集中统一地管理党和国家的档案及有关资料，维护档案的完整与安全，积极提供利用，为社会主义现代化建设服务。只不过，随着社会的发展与时代的变迁，国家综合档案馆服务的对象、内容和方式等各个方面会发生相应的变化，呈现不同的样态：一方面，随着我国政治体制改革推进与国家治理模式转变，档案馆的服务对象由最初的党政机关逐步扩大到全体社会公众，服务内容从为政治与行政管理服务扩展到为社会各方面服务，服务方式也日益多样化；另一方面，随着现代信息技术的广泛应用，档案馆服务的模式大为改观，通过互联网络为社会各界提供服务，成为档案馆服务的新主流。

数字档案资源服务是伴随着档案信息化建设与发展而产生的一种新型服务模式。所谓数字档案资源服务，就是指档案机构（在本书中专指国家综合档案馆）基于馆藏档案资源，通过计算机设备与其他各种互联网终端，采用一定的方式向用户提供各类档案信息或产品的过程。当前，档案网站是国家综合档案馆开展数字档案资源服务的主要途径与媒介，部分档案馆也开辟了馆内电子查档服务，并开始尝试利用微博、微信公众号等新媒体以及移动 App 等途径开展数字档案资源服务。

通过网络向用户提供档案信息，有着与传统档案资源服务模式不可比拟的优势，有利于充分开发和实现档案资源的价值。

第一，可以提高服务效率。传统的档案资源服务形式主要有提供档案借阅服务、举办档案展览、开展档案咨询服务与档案文献编纂与出版等，这些方式主要是通过用户与档案、档案工作者的直接接触与交流而得以实现的，受到时间与空间的限制。数字档案资源服务则可以打破时空限制，更为便捷与高效，极大地方便了用户对档案资源的获取与利用。

第二，可以扩大用户范围。随着互联网特别是移动互联网的飞速发展，网络用户的规模日益扩大。据中国互联网络信息中心（CNNIC）调查，截至 2020 年 3 月，我国网民规模达 9.04 亿，较 2018 年年底增长 7508 万，互联网普及率达 64.5%，较 2018 年底提升 4.9 个百分点。[1] 基于网络的开放性与便捷性，利用网站、微博、微信等各种网络应用开展

---

① 中国互联网络信息中心．第 45 次中国互联网络发展状况统计报告［R］．北京：中国互联网络信息中心，2020．

档案资源服务，可以使大量的潜在档案用户变成现实用户，从而大大拓宽档案用户的范围。

第三，可以提升用户体验。国际标准《人—机交互作用的人类工效学·第 210 部分：交互式系统用以人为中心的设计》（ISO 9241—210：2010）对用户体验进行定义：个人在使用或期望使用的产品、系统或服务的认知印象和回应，即用户在使用产品和接受服务过程中产生的主观享受程度。网络服务具有交互性、实时性、便捷性的特征。通过网络，可以为用户提供推送服务、定制服务等不同形式的个性化、差异化服务，可以以音、影、图、文等多种形态呈现档案资源，从而使用户产生从传统档案资源服务中无法获得的愉悦与新奇体验。

3.2　数字档案资源服务质量评价相关研究回顾

服务质量是服务营销学领域的核心概念。主要是指服务能够满足规定和潜在需求的特征和特性的总和，是指服务工作能够满足被服务者需求的程度。[①]

20 世纪 80 年代末，美国市场营销学家派瑞塞姆、蔡特哈姆尔和贝瑞（Parasuraman，Zeithaml & Berry），依据全面质量管理理论在服务行业中提出的一种新的服务质量评价体系，即 SERVQUAL 模型。该模型将服务质量分为五个层面：有形设施、可靠性、响应性、保障性、情感投入，每一层面又被细分为若干个指标。[②] SERVQUAL 模型在社会各个服务领域得到了广泛的应用。但因为其建立在需要对用户期望进行测量的基础之上，而用户期望难以准确测量。为了弥补这一缺陷，1992 年，泰勒、科宁（Taylor & Cornin）提出了绩效感知服务质量度量方法，即著名的 SERVPERF 模型。该模型保留了 SERVQUAL 模型的评价指标，但去掉了对用户期望的测量。实践证明，SERVPERF 模型比 SERVQUAL 模

---

① 服务质量[EB/OL]．[2019 - 12 - 14]．http://wiki. mbalib. com/wiki/% E6% 9C% 8D% E5% 8A% A1% E8% B4% A8% E9% 87% 8F．

② PARASURAMAN A,ZEITHAML V A,BERRY L L．A Multiple - Item Scale for Measuring Consumer Perception of Service Quality[J]．Journal of Retailing,1988,64(1):134 - 140．

型更具有操作性，可信度也更高。

随着计算机、通信等信息技术的广泛应用，信息技术和信息产业在经济和社会发展中的作用日益加强，并发挥主导作用。信息成为维持人类社会发展的重要资源，信息服务行业迅速发展起来。如何对公私信息机构所提供的信息服务质量进行评价，成为一个新的研究课题。基于这一背景，发端于市场营销领域的服务质量评价理论也被引入信息管理学科，众多学者从多个角度对信息服务质量的评价指标与方法开展研究。代表性研究主要有，李纯青等在 SERVQAL 及 TAM 模型的基础上，提出 E - 服务质量的影响因素，即可靠性、反应性、易用性、客户关怀、安全性和信任。[①] 卢涛、雷雪等提出了评价网络信息服务质量的 5 个基本指标，即有用性、易用性、有形性、可信性与回应性，并以信息服务网站为对象进行了实证研究。[②] 焦玉英等从用户满意度出发，在借鉴有关的 E - 服务质量评价模型的基础上，以信息资源类网站为对象，就其便捷性、信息内容质量、个性化、站点美学等影响用户整体满意度的因素进行实证分析，建立了基于用户满意度的网络信息服务质量评价指标体系。[③] 卢扬等从文献资源、运行机制、技术支持和服务 4 个方面，构建起图书馆信息服务质量评价指标体系。[④] 档案学界也有少量的学者从档案馆服务质量、档案网站服务质量、档案利用服务质量与数字档案资源服务质量等角度就服务质量评价问题进行了探讨，但对数字档案资源服务质量评价的研究尚少。梁孟华从信息可用性、信息易用性、信息充足性、信息专业性和服务交互性 5 个维度构建了档案网站服务质量评价指标体系。[⑤] 董德民等以 SERVQUAL 和 SERVPERF 用户感知服务质量评价理论为基础，结合国家档案馆公共服务的特征，运用问卷法、访谈法

---

① 李纯青,孙英,郭承运. E - 服务质量决定因素与测量模型研究[J].运筹与管理,2004,13(3):132 - 136.

② 卢涛,雷雪. 网络信息服务质量评价及其实证研究[J]. 图书情报知识 , 2008（1）: 37 - 42.

③ 焦玉英,雷雪. 基于用户满意度的网络信息服务质量评价模型及调查分析[J].图书情报工作,2008,52(2):81 - 84.

④ 卢扬,王丹,聂茸,等. 基于因子分析法的图书馆信息服务质量评价研究[J].图书情报工作,2016(S1):1 - 9.

⑤ 梁孟华.档案网站信息服务质量评价研究[J].档案学通讯,2012(2):75 - 61.

等，构建了基于公众感知的国家档案馆公共服务质量评价模型。[①] 杨霞提出了基于社会公众参与的档案利用服务质量评价的指标体系和评价量表，该指标体系由档案资源、服务过程、服务设施与服务结果 4 个维度及 16 个具体指标构成。[②] 李晓在其硕士学位论文中提出了基于用户体验的数字档案资源服务质量评价模型，该模型由内容质量、服务质量和技术质量 3 个维度和有用性、可用性、功能性、互动性和可访问性 5 个二级指标及 35 个三级指标构成。[③] 其对数字档案资源服务质量的评价假设模型的验证，主要是通过对部分档案学专业学生开展问卷调查而获得数据的统计分析，所得结论有一定的局限性。但其提出的相关观点，可以为本研究提出数字档案资源服务质量的基本维度及分析其具体内容提供借鉴与参考。

3.3 数字档案资源服务的基本要素

如上文所述，数字档案资源服务是指国家综合档案馆基于馆藏档案资源，通过计算机设备与其他各种互联网终端，采用一定的方式向用户提供各类档案信息或产品的过程。无论将其视为一种行为还是一种模式，数字档案资源服务都包括 3 个基本要素，即服务对象、服务内容与服务方式（图 3 - 1）。

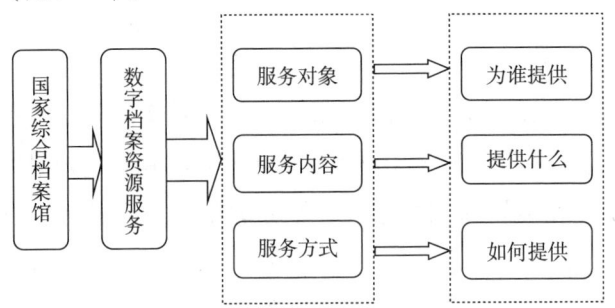

图 3 - 1　数字档案资源服务的基本要素

---

① 董德民，赵立，严青云. 基于公众感知的国家档案馆公共服务质量评价模型研究[J]. 浙江档案,2013(12)：19 - 21.

② 杨霞. 社会公众参与的档案利用服务质量评价初探[J]. 档案学通讯,2012(4)：42 - 44.

③ 李晓. 基于用户体验的数字档案资源服务质量评价指标模型研究[D]. 天津：天津师范大学,2015：48.

第一，数字档案资源服务的对象是指对档案资源有需求的个人或组织。档案是需要作为证据（凭证）而留存备用的记录，来源广泛，形式多样，具有凭证价值、信息（情报）价值与记忆（情感）价值等多方面的价值，能够满足主体的多种需求。凡是基于某种需求而想获得档案信息的主体，都是数字档案资源服务的对象。因此，数字档案资源服务对象既包括个人用户，也包括组织机构用户；既包括社会公众，也包括机关团体；既包括现实用户，也包括潜在用户。

第二，数字档案资源服务的内容是指档案机构通过网络与计算机设备向用户提供的档案信息的范围与数量。通过网络与计算机设备向用户提供的档案信息具有几个方面的特点：（1）原始性。大部分档案都是在规范的业务环境下伴随着业务活动的开展而直接形成的，具有原始性的特点。基于此，档案信息才具有比其他文献或信息更大的凭证价值，能够满足人们的特殊需求，如在办理手续的过程中作为凭证而使用。因此，与图书馆所提供的数字资源服务不同，数字档案资源服务不是单纯使用户获得信息，还要能够满足部分用户获取凭证的需求。（2）受控性。某些档案产生于特殊的业务活动中，其所承载的信息包含国家秘密、商业秘密与个人隐私，因而需要受到特殊的控制，在公开的时间与提供对象上都受到一定的限制。网络是一个开放的环境，通过网络开展数字档案资源服务，必须在服务的内容上严格把关，防止因泄密而使相关主体的合法利益受到损害。（3）转换性。只有基于数字化形态的档案资源，才能通过网络与计算机设备向用户提供相关服务。当前，随着信息化建设的不断推进，原生性的数字档案资源大量产生，但档案机构所保存的数量巨大的传统载体档案资源必须经过档案目录信息或全文信息的数字化或数据化转换，才能够成为数字档案资源服务的内容。而完成这一转换过程是一项艰巨的任务，需要大量人力与财力的投入，也需要一定的时间才能够实现。

第三，数字档案资源服务的方式是指档案馆通过网络与计算机设备向用户提供档案信息的具体形式与途径。服务方式是档案馆、档案资源与档案用户等要素之间发生作用关系的中介与桥梁，对于提升用户体验与满意度十分关键。当前，数字档案资源服务主要有两种方式。一是数据库检索提供式，即以数据库（包括目录数据库、全文数据库、混合型数据库或者面向数字人文具有统计与分析功能的专题数据库）的方式向用户提供档案信息，供其查找、浏览、打印、下载、分析等。数据库检索提供式是数字档案资源服务的基本方式。二是产品开发提供式，其特点是围绕特定的主题，通过对档案资源的组织和开发，以档案信息产品的方式向用户提供，例如，在线档案展览与档案 App 等。相比数据库检索提供式，产品开发提供式的具体形式多样，更需要融入档案工作者的智慧与创意，属于特色化与个性化的服务。

3.4　数字档案资源服务质量要求的具体内容

服务对象、服务内容与服务方式是构成数字档案资源服务的 3 个基本要素。为谁提供服务，提供什么服务及如何提供服务是影响数字档案资源服务质量的 3 个重要因素。因此，基于服务构成要素的视角，数字档案资源服务质量要求可以从这 3 个维度进行具体分析。

3.4.1　基于数字档案资源服务对象维度的质量要求

"公共性"是一个内涵极为丰富的词汇。在现代社会中，一切关乎公私问题的论述，几乎都会采用公共性的概念，作为各种学科和千差万别的话题的一个分析视角。[①]

在我国，国家综合档案馆最初建立的动因在于辅助政务的需要，并且在建立之初就被纳入国家权力系统中，为国家建设与政治服务是其基本的职能定位。在这一阶段，国家综合档案馆主要表现为身份意义上的公共性，实质意义的公共性较为短缺。十一届三中全会以后，随着我国政治与经济体制改革的启动与不断深入，社会逐渐从国家系统中分离出来，成为一种相对独立的存在。社会独立性的出现，意味着有别于国家权力的公众权利的产生，主张和保障公众权利成为国家权力机关的一项

---

① 任剑涛. 公共与公共性：一个概念辨析［J］. 马克思主义与现实,2011(6):58 – 65.

重要使命。① 基于这一背景，国家综合档案馆的大门开始向社会公众敞
开，逐步呈现出为社会公众服务、主张社会公众权益的新姿态。一系列
有关档案开放的法律、法规相继出台：1987 年颁布实施的《中华人民共
和国档案法》将中央和各级国家综合档案馆定位于"集中管理档案的文
化事业机构"；《中华人民共和国档案法实施办法》也明确规定，中央和
地方各级国家档案馆要"采取各种形式开发档案信息资源，为社会利用
档案资源提供服务"。2002 年 11 月 8 日，党的十六大报告中提出"完善
政府的经济调节、市场监管、社会管理和公共服务的职能"。公共服务
开始成为我国公共行政和政府改革的核心理念。2006 年 10 月 18 日，党
的十六届六中全会通过了《关于构建社会主义和谐社会若干重大问题的
决定》，明确要求"建设服务型政府，强化公共服务和社会管理职能"。
自此，建设服务型政府成为我国政府机构改革的新方向。服务型政府以
为社会、为公众服务作为政府存在、运行和发展的基本宗旨，以提升公
共服务质量为目标，以政府职能转变为关键。②

　　在这一新的历史背景条件下，国家综合档案馆的"公共性"被赋予
新的涵义，并得到实质性的发展。公共档案馆建设与开展档案公共服务
成为档案工作的重要主题。2009 年 10 月 30 日，时任国家档案局局长杨
冬权在全国档案馆工作会议上首次正式提出建设公共档案馆的目标，自
此，每年国家档案局都将提高档案公共服务能力作为重要的工作任务来
部署。2016 年，国家档案局印发《全国档案事业发展"十三五"规划
纲要》，将"深化和拓展档案利用服务"作为十三五期间的主要任务，
强调要"提高档案公共服务能力"。在公共服务的视阈下，公共服务是
公共部门与准公共部门满足社会公共需求、提供公共产品的服务行为的
总称。国家综合档案馆保存的档案是公共资源，具有公共物品的属性。
档案信息的公共性要求国家必须介入和保证"产品和服务"的供给，将
档案服务纳入"公共服务"范畴。③ 国家综合档案馆实际上是国家授权

---

① 丁宁. 民主政治视阈下我国国家档案馆公共性的历史演进[J]. 档案, 2014(8): 11 - 17.
② 高清濂, 李双荣, 张雅清. 西方发达国家服务型政府建设对我国的启示[J]. 对外开放,
2010(11): 3 - 4.
③ 李扬新. 档案公共服务政策研究[M]. 上海: 世界图书出版公司, 2011: 50.

和政府委托的档案公共服务提供者。

数字档案资源服务是新环境下国家综合档案馆提供档案公共服务的重要组成部分。事实上，网络的开放性使数字档案资源服务相比传统的档案服务更具"公共性"。公共服务就其核心价值而言，就是保障公民权利的实现、满足公众对公共产品的需求①，具有基础性、公益性、普惠性、公平性的特征。数字档案资源服务的公共服务属性要求其服务对象应该符合广泛性与普遍性的要求，这是数字档案资源服务的基本价值取向。所谓服务对象的广泛性与普遍性，是指数字档案资源服务应该面向全体社会公众，使之享有平等获取档案资源的机会。其具体要求包括：（1）数字档案资源服务不能只面向机关团队或特殊、个别群体，还要面向具体领受者具有不确定性的社会大众；（2）数字档案资源服务不能只面向具有明确利用需求的用户，还要面向具有潜在需求的用户；（3）数字档案资源服务不能只面向一般性用户，还要关注和照顾弱势群体用户。

3.4.2　基于数字档案资源服务内容维度的质量要求

"服务"一词可以在多个层面上使用。但在行为层面上，"服务"是指主体满足客体某种需求的一类行为的总称。因此，从这个意义上来讲，所有的服务都是基于需求而发生的。所谓档案公共服务，主要是指以党和政府为主导，以国家权力介入或公共资源投入为手段，为满足公众的社会发展活动的直接需要提供均等的档案服务和档案公共产品。②档案公共服务就是要向用户提供相关的档案或档案信息，从而满足其特定的需求。因此，数字档案资源服务的内容应符合相关性与有用性的要求，亦即国家综合档案馆通过计算机设备与其他各种互联网终端所提供的档案信息应契合用户的需求，能够让用户感受到基于自身需求视角的

---

① 李灵凤. 从权力到权利——国家档案馆公共服务基本价值取向研究[J]. 2011(3):33-36.
② 何振,易臣何,杨文. 档案公共服务的理念创新与功能拓展[J]. 档案学研究,2015(3):44-50.

数字档案资源是丰富的、适合的、有用的。① 在此值得说明的是，用户对档案资源的需求并不是指个别人的单独需要，而是指整个社会所有成员的普遍性需要。因此，社会对档案资源的需求是社会各个领域、各个组织和成员共同提出来的一种整体性需求。

用户对档案资源的需求具有多向性，具体可以从以下三个方面加以认识和把握。

第一，从需求的目的来看，用户对档案资源的需求主要包括事务性需求、研究性需求、休闲性需求与认同性需求。（1）事务性需求。用户要办理某种特定的手续和事务而需要获得相关的档案信息，如为了解决工资待遇、证明身份、应对矛盾纠纷等查阅与获取相关档案。事务性需求的特点是用户因某事务办理而对档案产生的刚性需求，用户所需档案资源的内容与范围比较确定。（2）研究性需求。用户开展历史学习与研究、编史修志、举办展览或寻求决策参考等活动而需要获得相关的档案信息。拥有这类需求的用户往往出于文化研究、知识学习或获取依据的目的，需要某一主题的档案资源。（3）休闲性需求。用户无明确目的，只是为了满足个人的兴趣或休闲的需要以及出于单纯的好奇而接触档案。1980 年第 9 届国际档案大会以"档案利用"为议题，首次提出"普遍利用"的概念。所谓普遍利用，"是指档案馆向普通公民宣传档案或是提供主动服务"②。因此，普遍利用就是面向无特定利用目的的普通百姓，满足其兴趣或为其提供休闲场所。（4）认同性需求。在社会学的视阈中，认同是指个体与某一社会身份建立心理联系的历程和后果。每个人都有获得社会认同，建立与某个群体的联系，找到归属感与根源感的需求。这一需求是随着社会的发展与公民意识的增强而逐渐显现出来的。大多数档案都属于原生性的记录，承载着与其形成背景相关联的信息，有承载、激活与建构记忆的功能，能为公众提供根源感、身份感、地方感和集体记忆，能够"借助其蕴藏的信息提供某个时刻或整个时期

---

① 　王毅,魏扣. 优化用户体验的数字档案资源服务策略研究［J］.档案学通讯,2017（1）:64 - 69.

② 　黄霄羽. 外国档案管理学［M］. 北京:中国人民大学出版社,2008:186.

的集体记忆、群体故事及个人身份"①。

第二，从需求的层次来看，主要包括初级需求与深度需求。(1) 初级需求主要是用户对于原始性档案资源的需求，一般是需要获取档案处理具体的事务。档案馆只需提供相关档案原件或复印件即可满足这一需求。(2) 深度需求主要指用户不是为了简单地获取某份档案原件或复印件，而是需要相关专题档案信息的汇集或者加工产品。

第三，从需求的表现来看，主要包括显在需求与潜在需求。(1) 显在需求。所谓显在需求，是指用户因为某种特定目的而产生了对档案资源的需求并且清晰地认识到了这一需求。主动利用档案的用户都具有较强的显在需求。(2) 潜在需求。相对于显在需求而言，档案潜在需求是未被唤醒或未被认识到的需求，主要包括档案潜在用户的需求及档案现实用户未表达出来的真实的需求。② 因此，对于拥有潜在需求的用户，档案馆需要通过宣传、帮助或主动推送等方式挖掘与显化其需求，进而转化为现实的用户。

3.4.3 基于数字档案资源服务方式维度的质量要求

"服务"内在地包含了惬意性的要求。服务是由被服务者支配和自愿选择的，因而对于那些接受服务的被服务者而言，他们所接受的服务必定是符合其自身的需要和意愿的，在享受服务的过程中，被服务者也应该是惬意的。否则，服务的消费者就不会再选择这种服务，服务关系就不会发生。③ 基于提升服务的惬意性这一目标，实践界产生了许多新的理念与做法。20 世纪 90 年代中期，美国设计师唐纳德·A. 诺曼（Donald Arthur Norman）提出用户体验的概念，主要用于表示用户在接受某种产品或服务时的主观享受程度。当前，这一概念广泛应用于系统设计、网站建设与品牌开发等多个有用户参与的领域。服务与产品提供者越来越重视通过多种途径改善用户体验，提升用户满意度，从而达到

---

① 杜梅. 2012 年国际档案大会：新环境新变化[J]. 中国档案,2011(4):51.
② 杨静. 档案潜在用户研究[D]. 合肥：安徽大学,2013:9.
③ 井敏. 构建服务型政府：理论与实践[M]. 北京：北京大学出版社,2006:8.

最佳的营销效果与业绩。此外，工业生产与市场营销领域也产生了诸如人本化、个性化、用户中心与需求导向等全新的服务理念。

2016 年，国家档案局印发的《全国档案事业发展"十三五"规划纲要》明确指出，"要提高档案公共服务能力，提升档案服务的认知度和用户满意度"。数字档案资源服务是国家综合档案馆面向用户提供的一种新型服务。数字档案资源服务的核心是用户，能否提供满足用户需求、提高用户效率、增强服务效果的档案服务，取决于服务设计是否以给予用户积极、愉快、满意的体验为基点。[①] 一方面，图书馆、博物馆等公共文化与信息服务机构当前都在致力于推进数字资源服务方式的创新，不断提升数字资源服务水平，以此吸引社会的关注，增强用户黏性。另一方面，在网络时代成长起来的新一代用户也对在线服务的体验提出了更高的要求，越来越重视服务方式带给自己的愉悦感与新奇感。同时，信息技术的飞速发展在客观上也为增强数字档案资源服务的用户体验提供了现实条件。因此，要提升服务质量与水平，除了实现服务对象的广泛性与普遍性、服务内容的相关性与有用性之外，注重服务方式的易用性与趣味性也至关重要。所谓服务方式的易用性与趣味性，主要是指综合档案馆应采用用户易于接受和乐于使用的方式，向用户提供档案信息或产品，能让用户感受到数字档案资源查询与获取是简单的、高效的、有趣的，从而努力创造积极的用户体验，提高用户的接受度与满意度。

3.4.4　数字档案资源服务质量模型

根据上文的分析，可以得到数字档案资源服务质量模型，如图 3 - 2 所示。服务对象的广泛性与普遍性、服务内容的相关性与有用性、服务方式的易用性与趣味性，三者相互联结，不可分割，而又层层递进，是新形势下社会环境变化对国家综合档案馆开展数字档案资源服务质量提出的具体要求，可以作为评价数字档案资源服务质量现状的标准，同时也是国家综合档案馆开展数字档案资源建设的基本导向。

---

① 王毅,魏扣.优化用户体验的数字档案资源服务策略研究[J].档案学通讯,2017(1): 64 - 69.

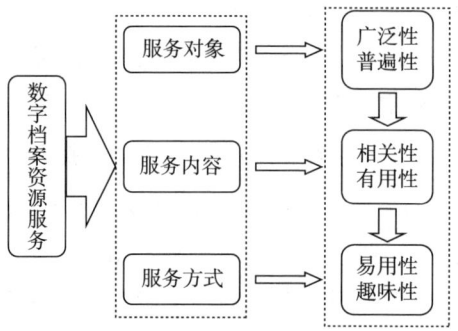

图 3 - 2　数字档案资源服务质量模型

第4章 数字档案资源服务
质量现状分析

——基于对国内省级档案网站的调查

在网络时代，各种新媒体层出不穷，为档案馆开展数字档案资源服务提供了众多可供选择的媒介。虽然国内部分国家综合档案馆都在馆内提供电子查档服务，并且已经尝试利用微博、微信公众号等新媒体以及App等途径开展数字档案资源服务，但网站仍然是档案馆开展数字档案资源服务的主要途径与媒介。"档案网站是档案机构在互联网上建立的站点，发布各类档案信息并提供档案信息服务，构成信息网络的一个节点，档案网站集宣传、服务、交流于一体，是网络档案信息发布的基地，是网络档案信息的聚集点和辐射源。"① 依托各级国家综合档案馆所建设的档案网站是其服务社会，开发利用档案信息资源，扩大档案工作影响力的重要平台。档案网站具有多方面的功能，提供数字档案资源服务是其核心功能之一。以各种形式通过档案网站向用户提供数字档案信息，有着传统档案资源服务模式不可比拟的优势：可以打破时空限制，极大地方便用户对档案资源的获取与利用，有利于充分开发和实现档案资源的价值。当前，基于档案网站的数字档案资源服务主要有三种形式：一是提供数据库检索服务，包括目录数据库、全文数据库和混合型数据库；二是提供在线展览服务，其特点是围绕特定的主题，将相关的档案资源组织起来，在网上进行陈列和展示；三是提供深度服务，主要是指通过对某些档案资源的组织和开发，为部分具有特定需求的公众提

---

① 赵屹,汪艳. 新媒体环境下的档案信息服务[M].上海:世界图书出版公司,2015:39.

供个性化与特色化的服务。

本研究的对象与范围限定为国家综合档案馆数字档案资源建设与服务问题。如上所述，网站是综合档案馆开展数字档案资源服务的主要途径。因此，档案网站所提供的数字档案资源服务质量在一定程度上能够反映国家综合档案馆数字档案资源服务的整体水平。本章在对国内 30 个省级档案网站的数字档案资源服务情况进行调查的基础上，结合第 3 章所提出的数字档案资源服务质量要求，以国际上有代表性的档案网站——美国、英国和澳大利亚三国国家档案馆网站为参照，对其进行评价与分析，从而揭示其存在的问题与不足。

在此值得说明的是，我国中央档案馆尚未依托网站开展数字档案资源服务，地市级与县区级档案网站建设水平相对较低，因此，省级档案网站实际上是数字档案资源服务的主体，体现国内数字档案资源服务的最高水平；美国、英国和澳大利亚三国国家档案馆网站是国际上公认的优秀档案网站的典型代表，能够反映国际数字档案资源服务的发展前沿。因此，本书将国内省级档案网站作为调查对象，并选取美国、英国和澳大利亚三国国家档案馆网站作为参照对象。

4.1 国内省级档案网站数字档案资源服务情况调查

为了分析和评价我国国家综合档案馆数字档案资源服务的质量水平，从数据库检索服务、在线展览服务与深度服务三个方面，笔者对国内 30 个省级行政区档案网站进行了调查，网站调查时间截至 2020 年 6 月 30 日（表 4 - 1）。

4.1.1 数据库检索服务

数据库检索服务是当前档案网站提供数字资源服务的主要形式。优质的档案数据库检索服务，不仅需要依托先进的检索系统和安全的网络环境，更需要内容丰富且形式多样的数据资源作为支撑。

表 4 - 1　省级档案网网站在线数据库情况一览表

网站名称	是否提供集中检索入口	检索功能是否能正常使用和是否有数据	是否整合地市或区县档案资源	检索方式			是否提供在线目录或全文数据量	是否提供检索帮助	检索结果是否能处理	是否有文件级目录	是否有全文数据	全文数据处理	
				简单检索方式	高级检索	浏览检索						浏览	下载或打印
北京市档案信息网	是	是	是	关键字	是	是	否	否	是	是	是	是	否
天津档案网	是	是	是	关键字	否	是	是	否	是	是	是	是	是
上海档案信息网	是	是	是	关键字	是	是	否	是	是	是	否	否	否
重庆档案信息网	是	否	否	关键字	否	否	否	否	否	否	否	否	否
河北省档案馆	否	否	否	—	否	否	否	否	否	否	否	否	否
山西省档案馆	是	是	否	关键字	是	是	否	否	是	否	否	否	否
辽宁省档案馆	是	否	否	关键字	是	是	否	否	否	否	否	否	否
吉林省档案信息网	是	是	否	关键字	是	是	否	否	是	否	否	否	否
黑龙江档案信息网	是	是	是	关键字	否	是	否	是	否	是	否	否	否
江苏档案（江苏档案信息网）	是	是	否	关键字	是	是	否	否	是	是	是	是	是
浙江档案网	是	是	否	关键字	是	是	是	否	是	是	否	否	否
安徽省档案馆	是	是	否	关键字	否	是	否	是	是	是	是	是	是
福建档案信息网	是	是	否	关键字	否	是	否	否	否	否	否	否	否
江西档案信息网	是	是	否	关键字	是	是	否	否	否	否	否	否	否
山东档案信息网	是	是	是	关键字	是	是	否	否	否	否	否	否	否

续表

网站名称	是否提供集中检索入口	检索功能：是否能正常使用和是否有数据	是否整合地市或区县档案资源	检索方式			是否提供在线目录或全文数据量	是否提供检索帮助	检索结果是否能处理	是否有文件级目录	是否有全文数据	全文数据处理	
				简单检索方式	高级检索	浏览检索						浏览	下载或打印
河南档案信息网	是	是	否	关键字	是	否	否	否	否	是	否	否	否
湖北省档案馆	是	是	否	关键字	是	是	否	是	否	否	是	是	是
湖南省档案局，湖南省档案馆	是	是	否	关键字	是	是	否	是	是	是	是	是	是
广东省档案馆	是	否	否	关键字	否	是	否	否	否	是	否	否	否
琼兰阁——海南省档案信息网	是	是	否	关键字	否	否	否	否	否	否	否	否	否
四川档案	是	是	否	关键字	是	否	否	否	否	否	否	否	否
贵州档案方志信息网	否	是	否	—	否	是	否	是	否	否	否	否	否
云南档案网	是	是	是	关键字	是	否	否	是	否	是	否	否	否
陕西档案信息网	是	是	否	关键字	是	是	否	是	否	是	否	否	否
甘肃档案信息网	是	否	是	关键字	是	否	否	是	是	否	否	否	否
青海档案网	否	是	否	关键字	是	否	否	是	否	是	否	否	否
内蒙古档案信息网	否	否	否	—	否	否	否	否	否	否	否	否	否
广西壮族自治区档案馆，广西档案信息网	是	否	否	关键字	是	否	否	否	否	是	否	否	否
宁夏档案信息网	是	是	否	关键字	是	否	否	否	是	否	否	否	否
新疆档案信息网	是	是	否	关键字	是	否	否	否	否	否	否	否	否

4.1.1.1 在线数据库简况

当前，国内省级档案网站上所提供的档案检索数据库有目录数据库、全文数据库与混合型数据库等多种形式，但主要以目录数据库为主。据调查，30 个省级档案网站所提供目录数据库能正常检索的有 20 个，其余的档案网站多在建设中或存在技术问题。登录山西档案馆网站，在"在线查档"题名栏输入任何信息，检索结果页面均为空白；河北省档案馆网尚未开通在线数据库检索服务；云南则只能检索"数字民国档案"的相关内容。在提供目录数据库在线检索服务的网站中，多数只提供案卷级目录的检索，仅有湖南、宁夏、福建、北京、天津、浙江、河南、陕西、广东、甘肃、内蒙古 11 个省级档案网站提供文件级目录信息；此外，提供全文数据的有天津、北京、福建、浙江、湖北 5 个网站。

4.1.1.2 检索方式与途径

国内 27 个省级档案网站都提供关键字检索，除天津、重庆、河北、山西、江苏、福建、江西、广东、海南、四川、云南与广西外都提供高级检索途径，此外，北京、天津、上海、浙江、黑龙江、福建、江西、山东、湖北、广东等省级档案网站，还有不需要输入任何关键字或者关键字为空也可以浏览所有目录列表的目录浏览式查询功能。

关键字检索即输入所需查询资料的任意关键字进行检索，这种检索方式不够精确，检出结果较多，查全率较高，但查准率较低；而高级检索则通过各种检索字段的组合检索，达到提高查准率的目的。被调查的网站在关键字检索功能上基本相同，但高级检索的设置则各有特点。

北京市档案信息网提供简单检索与高级检索，在高级检索中整合了区县级档案资源，可进行单库检索与跨库检索，高级检索方式检索层次包括"文件"与"案卷"两级，检索方式包括"条件检索"与"组合检索"，都以"档号"作为检索项，但如果选择不同的数据库，检索项则不相同，如"工商税务档案"专题数据库，则检索项目有档号、行业经理、商号地址、商号名称；又如"获奖人员档案"专题数据库，则检索项目有档号、获奖时间、获奖名称、工作单位等。

天津档案网在"档案查阅"栏中有 4 个栏目，"在家看档案""目录检索""档案预约"与"民生档案"。其中，"在家看档案"提供标题、责任者、来源、档号 4 个检索项；"目录检索"则提供"档案查询"与"档案号查询"的关键字检索；在"档案预约"中，天津档案网当前仅针对有预约字样的档案提供预约；"民生档案"分为婚姻、医疗、环保、公共安全等 18 个主题，全面且清晰，方便用户依据相关主题进行浏览。

　　浙江档案网的查档服务包括"馆藏介绍""数字档案""图书期刊""历史图库""声像档案"和"特色专题"6 个模块。其中，数字档案模块包括"清代档案""民国档案""革命历史档案""浙江政报"4 项内容，可以通过关键词检索到档案。

　　上海档案信息网提供"开放档案一站式查询"，除了可供用户进行关键字检索、浏览检索、条件检索之外，还提供专题检索、热点排行及最新发布，便于用户根据所需选择适当的方式进行定向检索，提高检索效率，但除了关键字检索，其他的检索功能暂时还不能使用。另外，还开辟了"上海市数字档案公共查阅平台"，其中的"目录检索"中提供"开放档案""市档案馆老字号目录"与"区档案馆老字号目录"3 个类目，能够进行关键字检索。

　　重庆档案信息网的关键字检索服务不能正常使用，网站首页顶端的相关分类项目不能查询。

　　山东档案信息网提供的检索服务较好，主要体现在两个方面：第一，资源体系层次分明。通过省级、市级、县级三个层次的分类展示档案资源；第二，网页简单易懂，用户操作比较方便。

　　辽宁省档案馆网站可以查询开放档案目录，用户可以通过题名、责任者、档号、时间的检索项来进行查询，但是暂时无法查询到任何档案内容。

　　江苏档案信息网的档案检索服务是分级别呈现的，以省馆为首，下列各市级档案馆。省馆分为案卷目录和文件目录，案卷目录尚在建设中，文件目录只有题名和档号两种查询方式。

　　广东省档案馆设置了"广东省数字档案馆开放档案查阅系统"，可以进行关键词检索，也可以根据其提供的"广东公报""申报"等 10 个分类进行浏览式查阅。另外，在首页还设置有"声像档案"和"名人档案"板块。

内蒙古档案信息网提供了"卡片检索""条件检索""目录检索"和"组合检索" 4 种检索方式，可以设定全宗、门类、检索层次、归档时间范围、题名、全宗号、年度等进行高级检索。其中，全宗包括省级和市级档案馆两个层级，门类包括"人档案""照片档案"等 10 种档案门类，检索层次包括项目级、案卷级和文件级 3 种。

在"目录检索"中，下设"建国前档案""传统立卷""现行文件""一文一件" 4 项。

宁夏档案信息网提供档案专题查询，但尚无内容。

安徽省档案馆网站可提供全文检索和高级检索，对于档案的查询可分为"到馆查询""预约查档""在线查阅"，并且对每种查询方式做出了详细说明。在"在线查阅"中采用档号、题名、起始时间、终止时间 4 个检索字段，并且可以选择"包含""等于"两种方式将检索词组成检索式，以此提高查准率。

江西档案信息网提供档案目录在线检索，包括开放档案查询、民国档案和已公开现行文件。其档案信息网的优点在于界面简洁，各个板块划分一目了然。

新疆档案信息网的档案查询模块包括标题、全宗号、年份三个检索项目，比较简洁明了。

福建档案信息网的档案查阅服务分为数字档案共享查询和个人查档利用两大部分，在数字档案共享中包含"民国档案""专题档案""视频档案""黄埔军校同学录""馆藏家族谱""知青名录" 6 个专题。

山西省档案馆网站的"在线查档"板块提供题名的关键字检索，但是输入关键字后检索页面呈现空白，不能检索出任何内容。

吉林省档案信息网的档案查询分为"已开放档案查询""政府公开信息查询"和"查档大厅"。在"已开放档案查询"模块中，我们可以通过档案标题、责任者、归档年度进行检索，但不能检索出内容。

黑龙江档案信息网的档案查询分为"档案查询""现行文件查询"

"电子图书资料查询" 3 种。其中，档案查询可以通过档案号、档案标题、责任者、文号、文件年代 5 种检索字段进行查询。而现行文件查询分为"政府文件""主题分类""省直单位分类""体裁分类" 4 个板块的内容。

河南档案信息网提供档号、题名、全宗号、责任者、文件形成时间 5 个检索项，但数字档案馆公共查询系统检索不到内容。在全省数字档案信息资源共享系统中可以查询到开放档案，并按省市级档案馆层次排列。

湖北省档案馆网站的全站搜索分为"开放目录"（省直档案、民国档案）"专题目录"（湖北省劳模、湖北辛亥革命、湖北抗战损失）"原文档案"，在开放目录的省直档案中用户可以通过输入档号、题名、密级、起始时间、终止时间和主题词进行检索；在民国档案的开放目录中，用户可以通过输入案卷级档号、题名、起始时间、终止时间进行检索。专题档案还有荣誉称号、工作单位、存放地点等特殊的检索项。在原文档案目录中，用户可以输入档案馆名称、全宗名称、档号、题名进行检索。

湖南省档案馆网站的档案检索模块分为"建国前档案文件级目录""建国后档案文件级目录""湖南地方志目录""湖南省谱类目录""黄埔军校同学录"。

四川档案网的"网上查档"服务栏目也提供关键词检索。

贵州档案方志信息网的"在线检索"板块可以通过关键词查询档案、志书、现行文件 3 种类型。其中，档案分类包括"建国前档案"（民国档案）和"建国后档案"（传统立卷、新规则立卷）两个板块，用户可以通过简单检索和组合检索进行档案查询。

甘肃档案信息网的"网上查档"的关键字检索可在下拉菜单中选择根据题名、责任者、成文日期、档号、文件编号输入关键字，同时搜索类型可选择开放档案或者现行文件，并且甘肃省档案信息网提供查询帮助。

陕西档案信息网可进行馆藏档案查询和现行文件查阅，在馆藏档案查询板块中只有一个"民国开放档案"数据库，且只能进行标题检索。

用户在点击"现行文件查阅"板块后，可自动跳转至"陕西省人民政府"网页，并通过标题、正文、发文字号、发布时间等检索所需文件。

河北省档案馆网站的查档服务只有目录查询，分为"清代""日伪""民国""革命历史""建国后"5 个板块，尚在建设中，不能查询到任何内容。

4.1.1.3 检索结果输出形式

网站检索结果的输出形式基本相同，目录数据库检索输出结果多为列表或条目形式显示，大致包含题名、责任者、档号、起止时间、来源或存放地等信息。上海档案信息网检出结果还可以进行详情查看，用户可以查看馆编档号、档案馆代号、第一责任者、数量、记录流水号、主题词、关键字、保管期限等相关著录信息，而浙江档案网则由于馆藏档案资源类型多样，其所提供的目录信息也各有不同，如"清代档案"所提供的著录信息包括姓名、籍贯、职官、年代，而"民国档案"则包含题名、责任者、起止时间，"黄埔军校同学录"则提供姓名、籍贯、职级、期别。

目前，有北京、天津、福建、浙江与湖北等地的档案网站提供图片格式的全文信息。例如，北京以 TIF 格式图片显示，天津则以翻阅文件的虚拟实景进行展示。

4.1.1.4 检索结果的获取方式

天津档案网输出的全文信息为图片格式，用户可以移动光标选择感兴趣的档案史料阅览，不仅有详细的介绍，还为用户提供了大图查看的功能，不可以下载但是可以打印；湖北省档案馆可以直接下载原文档案，非常清晰直观；北京市档案信息网在网上查档的"浏览"可以查看档案的扫描图片，浙江档案网的全文信息"清代历史图库"中，用户既可以点击"查看原图"在线阅览相关档案数字副本，也可将图片下载保存。

4.1.1.5 检索帮助

检索帮助是一项协助用户，特别是新用户更好地使用在线数据库检索和获取所需资源的服务项目，也是网站人性化服务的重要体现。调查发现，国内省级档案网站在这方面存在明显不足，鲜有网站真正提供详细、有效的检索帮助服务。除了上海档案信息网、浙江档案网、湖北省档案馆、贵州档案方志信息网、内蒙古档案信息网和甘肃档案信息网之外，其他 24 个档案网站都没有检索帮助这项服务。上海档案信息网提供了一个查询指南，主要介绍用户可在哪些板块查询何种档案资料，而没有向用户介绍如何进行检索和怎样更好更快地检索所需的档案，其内容对用户获取资源帮助甚微。浙江档案网则主要介绍专题下档案的内容和示例，由于所涉及的档案资料大多是名册，加之以浏览检索为主，因而对检索帮助没有太大的意义。

4.1.1.6　检索系统响应与输出结果处理

在为期一个月的连续访问过程中（每天访问一次），30 个网站的输出结果常有无返回值、无法显示、网页加载慢等情况出现，各级链接也存在无法点击、链接错误、无效链接等问题。

此外，只有少数网站数据库检索的输出结果可以进行处理。

4.1.2　在线展览服务

在线展览主要是围绕一定的主题对相关档案资源进行排列组织，在网上进行展示，其不仅是档案馆宣传展示馆藏精品的窗口，也是档案文化传播的有效手段之一，业已成为国内众多档案网站提供数字档案资源服务的重要方式。

目前，全国 30 个省级档案网站均设置了"在线展览"板块，但展出内容和质量参差不齐。这些在线展览主要围绕馆藏精品和地域文化，以图片和文字的形式提供。但除了少数网站以外，大部分网站的在线展览还停留于较低水平，普遍存在主题单调、内容简单与数量偏少等问题。

北京市档案信息网的"参观展览"主要提供实体展览的介绍和网上展厅，网上展厅包含北京市档案局及北京市 16 个区县档案局举办或与社会联合举办的实体展览介绍和部分网上展览，内容涉及爱国主义教育、保先教育、奥运、北京文化、通州往事等方面；而上海档案信息网的网上展览多以图片展示为主，内容涉及爱国主义教育、党史教育、民间习俗、名人档案等方面。

相比之下，浙江档案网和天津档案网所提供的在线展览服务更有特色。浙江档案网的在线展览主要包括"珍品博览""网上展厅""编研成果"和"视频荟萃"4 个栏目。"珍品博览"栏目重点展示浙江省档案馆收藏保存的、列入中国档案文献遗产名录的档案珍品，以及馆藏的名人手迹、字画。例如，浙江抗日军民救护遇险盟军档案已被列入第三批中国档案文献遗产名录，杨寿潜的私人档案；馆藏的名人字画、手札，如方薰的《山水图》、仇英的《行别图》、潘天寿的《芝瑞》，徐悲鸿、于右任、康有为、张骞等人的书法，以及吕公望、张学良、吴贻芳等 43 位名人的手札。"网上展厅"一栏则主要以图文并茂、灵活多样的形式，展示、介绍一定主题内容的档案史料，共有"'两美'建设的成功实践——'三改一拆''五水共治'成就展""档案见证'两美'浙江展——2016 年'6·9 国际档案日'展览""'改革开放在浙江'老照片及史料展""浙江省档案馆馆藏的书画作品展示""中国档案精辟——浙江篇""舟山渔民营救英国战俘"等 20 余个专题展。其中还有"难忘浙江事、大写浙江人、走进档案——VR 全景展厅""浙江省档案馆 VR全景"两个特色展览。"编研成果"栏目则展示历年来全省档案系统编纂和荣获全省档案部门优秀编研成果奖的档案编研精品，主要以书籍封面图片和目录介绍为主，共展出 95 本编研著作。"视频荟萃"栏目则以视频形式展示档案文化建设的专题成果，并收录了浙江省档案馆的专题文化资料。天津档案网的网上展厅主要分为 4 个板块，依次是"三维展厅""视频专题片""珍档展示"与"专题展厅"。其中，"三维展厅"主要有"天津记忆展览"和"廉政建设在机关展览"，该展厅形式新颖，虽然涉及内容不多，但以 360 度实景拍摄，加以动态画面展示，配以背景音乐，彷佛置身其中，从档案馆外进入展厅参观档案，每个展品又可以点击查看图片及详细信息。这是全国唯一一个提供虚拟实景结合馆藏数字档案和音、视频在线展览的省级档案信息网站。而"视频专题片"则涵盖城市记忆、局馆风采、名人档案、文化体育、辉煌足迹、档案事业、仲达开讲、方言建档等多方面的记录专题片。"珍档展示"中收录了馆藏珍品、百件档案展示，用户可以移动光标选择感兴趣的档案史料阅览，不仅有详细的介绍，还提供大图查看及 PDF 输出和打印功能。"专题展厅"则由天津工业档案文献网络展、抗战烽火盘山魂、天津老景观、天津名人故居等 34 个专题构成，涉及档案工作、名人藏品、地标景观、民俗风情等多个方面。

针对在线展览服务，重庆市的做法可圈可点，既有相关专题的报道，也有"历史上的今天""史海沉淀""实用案例"等有实际用途和教育意义的文章，并且针对重大的事件还有相应的视频展示。

山东档案信息网是以专题形式为主的在线展览服务，从战争、经济、文化等多角度展示了山东悠久的历史和丰富的风土人情。

河北省档案馆网站的网上展厅分为 5 部分，分别是"馆藏珍品""专题活动""微展厅""微视频""河北记忆"。在线展览服务以党政工作（如"不忘初心，牢记使命"主题教育）与"抗战"等内容为主，2020 年新增了"战'疫'档案记录"专题。

辽宁省档案馆网站主要以"文化观园""特色展厅"进行在线展览。其中，"文化观园"则主要展示辽宁省的风土人情，"特色展厅"通过提供多媒体形式的展览来实现档案实体展的效果。

江苏省档案信息网档案展厅主要展现了江苏省历史档案的情况，涉及明清历史、抗日战争、新中国成立与改革开放等内容。"档案文化精品"则主要侧重介绍江苏省的风土人情、人物地理的情况。另外，还设置了战"疫"档案图片展等特色栏目。

广东省档案馆网站的网上展厅主要由"南粤丰碑——中共广东党组织档案史料展""永远的情怀——纪念改革开放 30 周年暨知识青年上山下乡 40 周年展览""心迹墨痕——赵多瑞书画艺术档案展""莫各伯诗书画展览"这 4 个大板块构成，图文并茂地展现了广东大事、广东名人、广东近现代的历史文化等内容。

内蒙古档案信息网"网上展厅"内容较少，只包含"任明德事迹展效果图""档案在你身边——庆祝'国际档案日'图片展"和"两学一做学习教育常态化制度化专题展"，但比较有特色的在于其设置了一个3D 展厅，全方位、立体地为用户呈现内蒙古档案局的地理概况，使访问者仿佛置身其中。

　　宁夏档案信息网设置了"爱国主义教育三维展厅",采用三维实景展示的方式更利于使用者理解。除此之外,还设置了党的群众路线——档案展览、档案天天看——馆藏抗战档案系列、国家开放档案信息资源共享利用系统。通过近 300 件珍贵历史档案和图片,再现党的群众路线的提出、形成和发展完善的历史进程,并详细介绍了相关抗战历史。

　　新疆档案信息网在线展厅包括"新疆抗战档案揭秘上集"和"新疆抗战档案揭秘下集"。采用视频纪录片的形式,用专家的眼睛去发现、用寻访人的行动去体验、用老百姓的视角去感知历史。

　　海南省档案信息网网上展厅内容偏少,只包括"情系海南""琼崖烽火中的共产党员""走进海南"三部分。展示形式基本为图片,没有配合图片的文字介绍,并不能全方位展现海南省的特色风貌。

　　黑龙江省档案信息网中的网上展览分为 7 个展览专题,分别为"黑龙江历史记忆录像""中国共产党黑龙江省历次代表大会回顾展""纪念赵尚志诞辰 100 周年档案图""改革开放 30 周年""黑龙江红色记忆""铭记抗战胜利"和"纪念建党 95 周年档案图片展览",但展览专题不常更新,相关介绍基本停留于 2017 年的内容,具有滞后性。

　　江西档案信息网网上展厅大部分为 2017 年 5 月更新的内容,2016 年只更新了"上海知青在江西"和"江西省档案馆馆藏珍品"两部分,没有关于 2018 年的内容,2019 年全年只有"岁月记忆　社会缩影——我的家庭档案展"一条内容,在线展览内容简单、数量偏少。

　　"四川档案"网的"档案博览"栏目内容更新及时,包括"兰台寻踪 | 开国第一路""'档'疫情 战病毒——百年前的成都防疫记"等最新内容,主要以图片及文字的形式汇总成独立文章进行展示与讲解。

　　广西档案信息网设置了"馆藏纵览"模块,在"馆藏纵览"模块下又分为"馆藏简介"和"全宗简介"。此外,"多媒体展厅"分为"网上展览""电子书架""档案珍品"和"在线视频"4 个模块。"档案珍品"栏内容较为丰富,图文并茂,但"网上展厅"只设置了"飞虎传奇——中美空军抗战档案图片展""纪念中国工农红军长征胜利 80 周年图片展"和"红色广西——革命历史档案史料展"三个主题。

　　青海省档案信息网的"网上展厅"包含"档案见证改革开放四十周

年""纪念王昭同志诞辰 100 周年图片展""博爱"等 12 部分的内容。但点击每一部分后发现，其展示形式基本为图片或历史字画，且没有相关文字加以说明。

在甘肃省档案信息网上，用户可以看到"爱国主义教育基地""档案珍藏展""华夏文明　百年甘肃""静水深澜——天水市馆藏档案资源展""纪念中国共产党成立 90 周年档案展览"等七部分内容。

云南省档案信息网的"云南记忆"包括"红军长征过云南""云南文庙""云南老戏台""飞虎·驼峰纪事""云南辛亥 1911 滇云记忆""华之魂 侨之光"和"护国运动图片展"等 16 个方面的内容。

贵州档案方志信息网的网上展厅模板包括"专题展览"与"视频栏目"两个部分，其中"专题展览"又分为"馆藏陈列展""贵州老照片""贵州省国家级非物质文化遗产展览""抗日战争中的贵州"4 个内容。展览主要以图片为主，文字解释较少。

福建省档案信息网的网上展厅共有"风展红旗""福建抗战纪实""邓小平在福建""福建知青档案图片展"等 20 个展厅，其中包含 4 个 3D 展厅。

山西省档案信息网的网上展厅分为"党性教育主题教室""视频荟萃""晋档藏珍""光辉的历程"4 个部分。其中，"光辉的历程"按时间顺序、以文字与照片相结合的形式讲述了晋察冀、晋绥、晋冀鲁豫三大抗日根据地创立、巩固、发展及夺取解放战争胜利的历史过程。

湖南省档案馆网站的网上展厅包括"网上展览""珍档荟萃""潇湘史料""老照片"和"视频点播"5 个板块。其中，"网上展览"包括"光辉的足迹——喜迎'十九大'中共湖南省委档案图片展""曾三同志档案陈列馆""刘少奇回乡展""雷锋家乡学雷锋——湖南省学雷锋活动 50 周年档案展""抗日战争在湖南图片展"等 13 个展览内容。"视频点播"更新至 2019 年 12 月，包括"走过二万五千里长征的公文包——林伯渠长征的故事""百年前教材，以'修身'为各科之首——徐特立"等 50 余项内容。

4.1.3　深度服务

随着综合档案馆信息化建设的深入，部分档案信息网站开始尝试在提供基本的数字档案资源检索与展览服务的基础上，结合馆藏资源特点与优势，组织和开发档案资源，针对部分具有特定需求的公众提供深度服务。

据调查，到目前为止，大多数省级档案信息网站将深度服务局限于提供档案解读和史料研究，以及一些编研产品和档案期刊，缺乏对档案资源的有效开发与组织，普遍存在服务形式单一、资源内容贫乏的问题。从全国范围来看，只有上海档案信息网与浙江档案网在这方面较为突出。上海档案信息网所提供的数字资源深度服务，主要包括"史料研究""档案影像""学生课堂""上海记忆"几个方面。"史料研究"板块主要包括"档案汇编""出版概览""上海研究""口述历史"和"名著解读"5 个小专题，每一专题之下又有多个相关的档案资料，主要涉及中华人民共和国成立前后的上海历史。例如，"20 世纪 40 年代后期的苏州河整治""建国初期上海游民改造史料选辑""老上海中学校歌史料选辑""图说抗日战争（15 个系列）""我的父亲周祥生与祥生出租汽车公司（7 个部分）"等。这些资料不仅为史学研究者提供了宝贵的第一手资料，还为广大历史爱好者提供了丰富的阅读材料。"口述历史"是根据同时代的历史亲历者的采访记录，逐字记录、整理而成，并附有图片，为用户展现了珍贵的"活历史""活档案"。"档案影像"以视频形式为用户提供上海档案信息网具有自主知识产权的音频作品，虽然只有 4 个专题片，但形式新颖，多以纪录片和采访记录呈现，如《追忆档案里的故事》分为 99 个小故事，"远去的风景：石库门""陆家嘴变迁""海上影后蝴蝶""申曲声声沪剧""圣约翰大学（1879—1952）""绿色信使——百年上海邮政""城市记忆——法邮大楼"等，充分展现了上海的风土民情。"学生课堂"为学生提供 15 个主题的历史资料，但多次尝试都无法浏览网页的全部内容。每个主题的历史资料下仅有关于此主题的简短介绍。"上海记忆"主要分为"申城变迁""海上人物""淞沪掌故""上海之最""图说上海""上海史话"6 个小专题，每一个专题之下又附有多项相关资料，多以图解和故事为主。"视频点播"更新至2019年12月，包括"走过二万五千里长征的公文包——林伯渠长征的故事""百年前教材，以"修身"为各科之首——徐特立"等50余项内容。

北京市档案信息网与天津档案网提供深度服务的内容也与上海档案信息网相似，多为本市的历史史料、民俗资料、城市新貌等方面的档案资料，但在形式上相对简单一些。内蒙古档案信息网在档案文化栏目设置了6个模块，具体包括"珍档荟萃""网站展厅""热点专题""声像资料""编研成果"和"档案与社会"，但内容上并不具体。例如，"声像资料"中只包括"节能降耗　保卫蓝天——全国节能宣传周活动""王铎同志档案捐赠报道"和"内蒙古影像记忆"。宁夏档案信息网的"今古宁夏"专题别具特色，通过"抗战档案资料汇编""历史回眸""人物传奇""社会溯源""文化拾遗"5个部分展示了宁夏的传统民俗、西夏的历史、回族特殊的生活习俗、宁夏特殊的地理位置对抗日战争时期的历史贡献等。海南档案信息网中包括"琼崖人物"和"图说兰台"。其中，"琼崖人物"从古代人物、现代人物和革命先辈三个方面展示了从古至今为海南省的进步做出卓越贡献的人物，"图说兰台"中主要是照片，并没有详细的事件介绍。吉林省档案信息网在"精彩吉林"板块中从吉林概况、风情、历史、旅游天地和吉林名牌5个方面展现了吉林当地特色。

4.2　美国、英国、澳大利亚三国国家档案馆网站数字档案资源服务情况介绍

从20世纪90年代开始，以美国为首的西方发达国家陆续实施信息化建设战略，档案信息化建设也随后启动。档案网站是档案信息化的重要组成部分，而提供数字档案资源服务是档案网站的核心功能，也是衡量档案网站水平的关键指标。本书选择三个国际上有代表性的档案网站——美国、英国和澳大利亚三国国家档案馆网站，从数据库检索服务、在线展览服务和深度服务三个方面，对其数字档案资源服务的情况进行详细介绍，为分析与评价国内档案网站数字档案资源服务情况提供参照。网站调查时间截至2020年6月30日。

4.2.1　数据库检索服务

数据库检索服务是当前档案网站数字档案资源服务的主要形式。要提高档案网站数据库检索服务水平，不仅需要数字档案资源量的积累，而且有赖于质的提升；不仅需要内容丰富、类型多样的数据资源，而且要有便捷高效、人性化的配套检索系统。

4.2.1.1　在线数据库简况

美国、英国、澳大利亚三国国家档案馆网站上都有多个数据库可供检索，其所包含的数据内容十分丰富，涵盖政治、历史、民生、军事、战争、法律、新闻、地理、人口、艺术、科技等多个领域，包括文本、图像、缩微胶片、影像等多种形式。

美国国家档案馆在网站上的"研究我们的档案"（Research Our Records）栏目中提供的可供检索的数据库入口是"查找目录"（Search Catalog）。另外，在"其他在线研究工具"中还有"缩微品目录"（Microfilm Catalog）、"档案获取数据库"（Archives Access Database，AAD）。与"联邦档案获取向导"（Guide to Federal Records）等检索入口。"查找目录"是一个在线跨库检索系统，为用户检索所有国家档案馆的目录数据、部分 AAD 中的数据、百余万份来源于电子文件档案馆（ERA）的电子文件，以及所有来源于美国国家档案馆和总统图书馆网站的网页，提供了一个统一的检索入口。其所依托的数据库是一个包含美国国家档案馆华盛顿主馆和地区分馆及总统图书馆馆藏的在线混合型数据库，共计收录3424244 立方英尺的馆藏，具体包括604 个档案组合（Record Groups）和 4761 个收藏（Collections），267384 个系列（Series），20909034 个案卷（Files Unites），共 4112849 份档案（Items），以及10942 件实物（Artifacts）的著录信息，还有 420 万份数字副本。"查找目录"提供了一种集成、精简、一站式检索所有国家档案馆资源的渠道，为用户演示了精简的搜索体验。"缩微品目录"囊括了 3400 余件由NARA 制作或购买的缩微品的目录信息，用户可以通过关键字、缩微号、档案组合号进行检索。在国家档案馆所提供的专用研究设施上，用户可以免费使用这些缩微品。"联邦档案获取向导"主要为用户提供产生于国家行政、立法与司法部门利用率较高的政府文件的目录查询。AAD 是美国国家档案馆部分电子文件馆藏的搜索引擎，包括产生于 30 多个联邦政府机构和部分捐赠的历史材料收藏，总量有 8500 万余份、具有历史价值的电子文件的索引和数据库。之所以选择这些数据供在线利用，是因为其具有广泛的军事和民用功能，以及系谱、社会、政治和经济研究价值。目前，供在线利用的数据数量仍在不断增长。用户可以通过人名、区域、组织和时间进行检索，并且可以下载、打印查询的结果，还能获得检索和理解电子文件内容的帮助。

英国国家档案馆网站上设有"搜索目录"及"查找在线收藏"栏目。"查找在线收藏"主要提供英国国家档案馆已数字化并在线提供的馆藏资源。"搜索目录"提供了一项名为"Discovery"的检索入口。另外，在主页的菜单里，还有"英国政府网页存档"和"英国公民服务"两项特殊的服务。"Discovery"在 2013 年 4 月 30 日彻底替代了原来的目录，并且整合了网站上的其他数据库，成为查找馆藏资源的唯一入口，实现了一站式查询。"Discovery"收录了 3200 多万份由中央政府、英格兰和威尔士法庭以及其他国家机构所产生的，保存在国家档案馆、全国各地 2500 个档案馆中的档案的著录信息，内容涵盖家庭历史、中世纪的税收、刑事审判、UFO 目击事件的调查行动以及许多国家的历史和其他主题。一些利用率较高的档案如内阁档案（1915—1982）、爱尔兰地图（1558—1610）等被数字化并提供在线下载，到目前为止，已有 900 万份档案可以在线获取并下载。此外，用户还可以通过"Discovery"搜索不在国家档案馆馆藏内的档案资料，涉及范围较为广泛，例如外来移民、人口普查记录、第一次世界大战士兵、海员和其养老金、婚姻和出生与死亡证明、切尔西医院和铁路雇佣名单、民兵名单等方面的档案记录。"英国政府网页存档"主要向用户提供国家档案馆保存的英国各个政府部门门户网站的历史记录。"英国公民服务"主要提供从 1949 年 1 月 1 日至 1986 年 9 月 30 日在英国发行的注册证书与入籍证书的查询。

"档案查询"（RecordSearch）是澳大利亚国家档案馆的在线数据库，其收录了 9000 个档案来源（机构、个人、团体）、6 万个系列和大约

800 万份档案的著录信息，以及 120 万份档案的数字拷贝，约占总馆藏的 20%。但"RecordSearch"中的档案著录信息与数字拷贝的数量仍在以每年数十万份的速度持续增长。澳大利亚国家档案馆从 2001 年就开始尝试在网上提供部分档案的数字拷贝，迄今为止，超过 2400 万幅纸质档案的扫描图像能够通过"RecordSearch"免费查看，并且每周都会有新的数据上传。此外，对于没有提供数字拷贝的档案，用户可以通过使用"RecordSearch"数据库的相关操作，在线申请或订购。此外，澳大利亚国家档案馆网站上还有一个专门用于查找和获取照片的数据库——"照片查询"（PhotoSearch）。在此，用户可以通过关键字或日期查找、浏览、下载和打印数量超过 29 万幅的照片。这些照片涉及数百个主题，例如，南极洲、芭蕾舞、植物园、城市和城镇、保护环境、板球、示威、选举和公投、灯塔、自然灾害、珍珠、警察、皇家飞行员、医疗服务和皇室成员等。

为了进一步了解和分析三个网站在线数据库的检索功能与特色，选取每个网站最具代表性的在线检索入口——美国国家档案馆网站的"Search Catalog"、英国国家档案馆网站的"Discovery"、澳大利亚国家档案馆网站的"RecordSearch"作为调查对象，一一介绍其检索方法与途径、检索帮助、响应速度与输出结果处理方式。

4.2.1.2　检索方式与途径

"Search Catalog"设有基本检索与高级检索功能。在高级检索中，主要检索项有 4 个，即关键字检索、人名与机构检索、档案组合号或档号、检索与标签检索。用户在检索框中输入与自身需求相关的词语，并且还可以使用"AND""OR"与"NO"等逻辑联结词，以及"（　）"与"＊"等检索符号，组成一定的检索式输入，从而提高查准率。"Search Catalog"的检索功能十分完备，操作也非常便利。在高级检索中，用户可以选择输入的关键字与档案著录信息的匹配模式：全文匹配、精确匹配、模糊匹配与不包含此关键字匹配。此外，用户可以限定是否只在标题中检索，并且通过界定档案材料类型、档案保管位置、档案的著录层次以及生成或著录的时间范围，以此提高查准率。再有，用户如果知晓所需档案的著录号码，可以通过"著录号码查询"直接查找。用户还可以根据需要，对输出的检索结果做相应处理。为了便于用户浏览检索结果，系统设置了"高亮显示检索词"的功能，亦即检索结果中每一条档案著录信息包含检索词的部分都用黄色背景标识出来；此外，在检索结果过宽过泛的情况下，用户可以选择在检索结果中作进一步检索（Refine Search），从而提高输出结果与需求的匹配度；检索结果可以按相关度、创建者、时间、保存地点等进行排序，用户可以选择"概要"和"层次结构"两种方式浏览检索结果列表。前者主要显示每条检索结果的题名、编号、形成者、形成时间、文献类型、保存地点及该档案所在的系列与档案组合等信息；后者主要显示检索结果所在档案组合的背景情况与层级结构关系。而具体每一条检索结果又有 4 种不同的浏览方式：按"细节"方式浏览，可以看到该份档案或该系列的题名、创建者、时间范围、文献类型、保管地点、建档时间、整理依据、保密程度、分类号、所属档案组合名称等信息；按"内容与范围"方式，则可以看到该份档案或系列内容范围的简单描述；"存档副本"方式主要告知档案实体的存储地点；"层次结构"方式主要用于了解档案在馆藏体系中与其他档案之间的关联。用户还可以利用某检索结果所显示的层级关系，在选择的档案组合中做进一步查找。值得一提的是，"Search Catalog"还允许公众通过标签和转录的功能参与国家档案馆的档案目录建设。通过标签检索功能，用户可以更方便与精准地查找到自己所需要的档案。

"Discovery"也有基本检索与高级检索的功能，并有"国家档案馆馆藏"与"能够在线下载的档案"两个检索窗口，两者可以切换，便于需要获取在线档案的用户更加有针对性地检索。在高级检索中，"Discovery"将关键字作为主要检索项（在基本检索中输入关键词时可以使用"AND""OR"与"NO"等逻辑联结词），用户可以选择输入的关键字与档案著录信息的匹配模式：全文匹配、精确匹配、模糊匹配与不包含此关键字匹配。用户还可以在检索之前选择档案的时间范围、是否只在在线档案的集合中查找、主题范围（网站提供主题列表，分成政府、产业、文化等 16 大类，每大类下又分成若干小主题）、查找范围（在政府部门列表中选择档案来源范围或键入相应的部门著录号）。同时，用户还能对输出结果的显示方式做出限定，如每页显示多少条检索结果、检索结果显示到哪一层级、档案的公开时间、是否想查看公开或保密的档案等。输入检索词之后，如果检索结果少于 1 万条，则可以根据相关度、著录号、时间升序、时间降序排序，而超过这个数量用户可以使用过滤器进一步筛选结果（即限定输出结果的主题、时间范围、显示层级、公开时间等）。检索结果有"简单浏览"与"细节浏览"两种显示模式。前者以类似于表格的形式非常简洁地显示检索结果的题名、时间范围、关键字与著录号等信息；后者除了提供上述信息以外，还提供检索结果的类型、保存地点、法律地位、可获取情况等信息，而且每一条结果又可以再按著录信息和层级结构两种方式浏览。前者主要显示检索结果和同层级档案的著录信息；而后者主要显示检索结果所在类目各个层级的著录信息，用户可以点击任何一个层级查看其详细内容。此外，检索结果的主页中还为用户提供了一些帮助信息，如在检索结果列表的上方提供了与检索结果相关的研究主题，用户可以链接进入此主题而获得相关信息，在检索结果列表的下方则提供了用户如何应对检索结果中没有自己所需档案的友情提示。

在澳大利亚国家档案馆网站上的"RecordSearch"中，除了基本检索和高级检索以外，还提供姓名检索（Name Search）、照片检索（Photo Search）以及旅客入境索引（Passenger Arrivals Index）。基本检索比较简单，仅有关键字与时间范围两个检索项。姓名检索和照片检索需要输入准确的关键字（也可模糊检索），还可选择相应的背景范围和时间范围，旅客入境索引则需要提供更多的信息，如旅客姓名、轮船或飞机的名字、出发地、目的地、入境年份或年份区间及旅客名单条码，系统为用户提供了轮船或飞机的名单，并按照字母顺序排列，用户可在其中进行选择。相比英美的在线数据库检索系统，"RecordSearch"的高级检索很有特色。点击进入后便可以看到一个图示——联邦档案系列系统［Commonwealth Record Series（CRS）System］（图 4 - 1）。该系统是澳大利亚档案馆馆藏结构的直观反映，其将数据库中著录的档案分为总体（All Levels）、机构（Organizations）、部门（Agencies）、系列（Series）和条目（Items）5 个层级。馆藏的一级类目是按机构划分，机构之下则按部

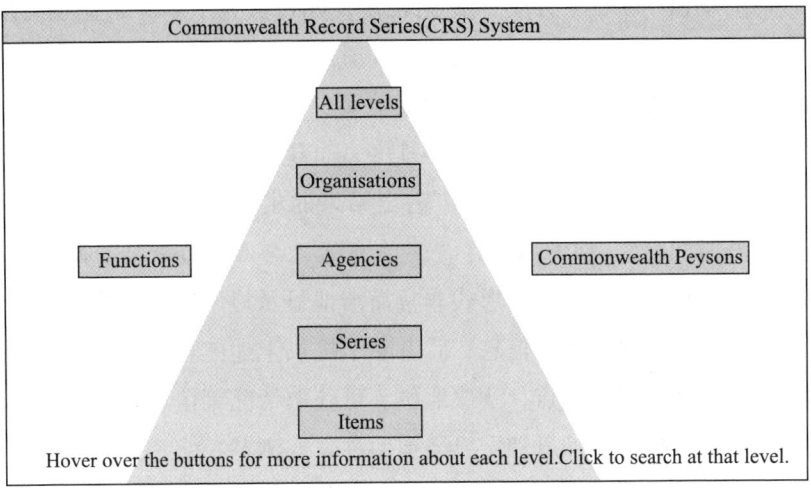

图4-1　澳大利亚联邦档案系列系统

门排列，某一部门之下的档案可以划分成若干系列，而系列则是由若干单份档案构成的最小集合单元。此外，还有两个相关的概念，即职能（Functions）和联邦人物（Commonwealth Persons）。前者是用于描述一个部门的职能；后者则是指与联邦政府密切相关的重要人物，如总理、州长、市长等，与部门相类似，这些个体所产生的档案也构成一个系列。当鼠标停留在图示的某一层级或项目时，用户可以通过显示的文字了解该层级或项目的内容并决定是否选择进入检索。不同的层次或项目检索界面略有区别。总体和机构层次的检索项目相对简单，只有关键字、起止时间、机构号码等项。而在职能检索中按首字母顺序提供了职能列表，用户可选择并查询。部门、系列与条目层次的检索项目相对较多，用户可以选用一项或若干项组合检索。"RecordSearch"检索结果的输出形式也很有特色。检索结果有两种浏览模式：清单式与细节式。清单式采用表格的方式，显示每一条检索结果的题名、所在系列号、档案编号、保存地点、时间范围、数字拷贝与条形码等信息；细节式则显示更多的信息，如开放状态、登记日期、鉴定日期、物理格式等。用户可以在检索结果中进一步查找，还可以点击检索结果所属的系列号，详细了解该系列的情况。非常值得一提的是，"RecordSearch"有关系列的著录信息非常详细，不但有关于该系列的基本信息，还提供了与该系列相关

的其他系列的名称与号码。并且，所有检索结果著录信息中出现的其他
档案管理层级或项目（机构、部门、系列、职能、人物、条目）都提供
了链接，用户可以进一步获取其著录信息。

　　为方便用户特别是初次到访或对某些专题档案有需求的用户，三个网
站除了基本检索和高级检索以外，还开辟了如专题指南、主题索引等其他
检索途径。美国国家档案馆网站设有"你的祖先的研究"（Research Your
Ancestry）、"军事档案的研究"（Research Military Records）等专题研究
指南。这些研究指南中为查询相关资源提供了与数据库的链接，为那些
有特定需求的用户提供了便利。除了利用"Discovery"直接检索，英国
国家档案馆网站还提供了很多其他的检索途径。在"帮助你的研究"
（Help Your Research）栏目内，提供主题索引、字序索引等方式。该栏
目列出了很多研究主题，主题之下又列出了很多小主题，形成了一个主
题系统。网站对每一个小类都给予了详细的查找说明，并列出了相关档
案的编号，点击可以直接链接到"Discovery"的检索结果，这为有特定
需求但又不熟悉馆藏和检索方法的用户提供了极大的便利。此外，"Dis-
covery"中还提供了"Tag"和"Browse"查找模式。前者通过对档案资
源的某些描述性概念（类似于主题词）进行查找，这些词在网站中按首
字母 A ~ Z 的顺序排序，用户可以从中选择，而且用户可以为自己所查
到的档案添加新的描述，以便于其他用户查找，后者实际上是一个部门
（档案来源）索引，即按照部门将档案资源组织并展现出来，每个部门
都有相应的代号，同样按照首字母 A ~ Z 的顺序排序，用户可以选择不
同的部门，进而浏览这一部门形成的所有档案资源。同时，网站中还提
供了首字母 A ~ Z 排序的主题词索引，每一个主题词都有详细的查找说
明与资源链接。再有，在"流行馆藏"（Popular Collections）栏目中设
有地图、海军、水兵、奖章、军队、罪犯、遗嘱、20 世纪的政治家等
17 个专题，用户可以点击进入这些专题，链接到数据库中的资源。最
后，"Discovery"还增设了"常用检索"（Frequent Searches），列出了一
战陆军服役档案、逃亡报告、乘客名单等 8 类常用的检索，点击链接，
便可得到相应的检索的结果。

　　澳大利亚国家档案馆网站上设置了"浏览世界各地的档案""国防

和兵役档案""最初的澳大利亚人（原住民）""公民档案""咖啡厅章程"5个热点研究领域，为用户查找和利用这些方面的档案资源分别给予了详细的介绍，并有相应的查找链接。例如，"国防和兵役档案"专题又包括政府、服务、服役档案、冲突、国防电影、其他国防事务6个分主题，进入其中的"服役档案"主题，用户可以按照战争名称，进入查询界面，利用入伍军人的姓名查找其个人记录。

4.2.1.3 检索帮助

为了使用户特别是新用户更好地使用在线数据库查找和获取自己所需要的资源，三个网站都提供了相应的检索帮助服务。

在Search Catalog高级检索的主窗口上有"visit our Help page"的链接。其中提供了关于Search Catalog总览，以及如何有效地检索、理解和输入检索结果的帮助信息。具体包括进入检索、浏览检索结果、打印检索结果、输出检索结果、精炼检索结果、保存检索结果等多项内容。另外，Search Catalog还设置了Search Tips，具体介绍一些检索的技巧与方法。再有，在高级检索窗口，当用户把鼠标停留在检索项上时，网站会以批注的方式显示对该检索项所作的说明，有助于用户准确理解检索项并选用正确的检索词。

英国"Discovery"所提供的与帮助有关的项目主要包括两个：Discovery Help和Discovery FAQs。Discovery Help对三种查找方式——数据库检索、主题词浏览检索和标签检索的操作作了说明。所有的帮助文档都是文字性的说明，没有任何图示，但内容详细。与"Discovery"相比，澳大利亚"RecordSearch"的检索帮助比较简单，仅在检索主页上的帮助区域提供4项内容："基本检索""研究者向导""RecordSearch 教程"以及"RecordSearch 论坛"。其中，"基本检索"非常简单地介绍了使用"RecordSearch"的检索过程，"研究者向导"则是从整体上为研究者提供的一个获取国家档案馆馆藏资源的指南，其中有部分内容涉及如何使用"RecordSearch"和处理检索结果的说明。"RecordSearch 教程"用简单的图示，分别介绍了基本检索、高级检索、姓名检索、照片检索以及乘客检索的步骤与方法。"RecordSearch 论坛"是一个为用户提供的在线交流检索经验和获取帮助的平台，但在调查过程中，始终不能正常显示。

4.2.1.4　响应速度与输出结果处理

在检索的过程中发现，三个网站数据库检索响应速度都较快，基本上在 5 秒之内能够输出结果（一般网速条件下），均没有显示乱码、无返回值、无法显示等问题。各级链接也均能点击打开，未出现错误链接、无效链接等情况。

此外，用户可以对数据库检索的输出结果进行各种处理。首先，用户可以查看检索结果中在线提供数字拷贝的档案，一般为 PDF 或图片格式。例如，"Discovery" 就有一个图像浏览器，对于那些收费的档案，用户可以在购买之前通过这一工具看到一个低分辨率版本的数字文档。其次，用户除了可以浏览档案的著录信息或全文内容以外，还可以将其以电子邮件的方式传送到用户指定的邮箱，也可以保存或联机打印出来。例如，"Search Catalog" 中提供了 "My List" 的功能，用户在发送电子邮件前，可以将需要发送的档案条目加入到 "My List" 之中，再统一发送到特定的邮箱。再次，用户可下载网站在线提供全文内容的档案或图片（收费或免费）。最后，三个网站的检索系统都可以保存或定制检索条件和检索记录，实现追溯查询和重复查询。例如，"Search Catalog" 提供了书签（Book Marking）功能，用户可以保存基本检索和高级检索以及检索结果的页面并还原。"RecordSearch" 设置了注册和登录功能，在线注册并以用户名登录的用户可以保存和重复使用 1 周之内的检索式，并查看自己的检索历史记录（6 个月内），"Discovery" 也有类似的功能。

4.2.2　在线展览服务

在线展览（Online Exhibits）是指围绕特定的主题，将相关的档案资源组织起来，在网上进行陈列和展示。其不仅是对馆藏精品的宣传展示，也是对大众进行文化教育和知识普及的手段之一，已经成为档案网站数字档案资源服务的重要形式。

NARA 网站上的在线展览形式多样、内部层次非常丰富。数十个展览主题涉及政治、民生、军事、科技、自然等多个方面，如致命病毒、自由宪章、美国妇女、战争中的人们、内战寻踪、总统日记等。其中，不仅有贴近大众生活的照片资料，还有关于美国的开国创始文件、体现美国人权演变发展的重要文件和总统图书馆中珍藏的有关总统及其所生活年代的文物图片。例如，"山姆大叔，什么是烹饪？"这一展览，旨在表达通过国家档案馆的馆藏追踪发现从农场到餐桌，政府对美国饮食的影响，展览中提供不同时期美国农场、食品加工厂、厨房和餐桌的各种图片及介绍。"特色文件"中包含 14 个有特色的文件，如"解放黑人奴隶宣言""哥伦比亚地区解放法案""日本投降书"等，均配以图片，并有详细的文字说明。"我们的文献"则为用户展出了 1776—1965 年 100 份对美国历史发展产生了重大影响的珍贵文献。如 1776 年 6 月 7 日，由理查德·亨利·李（Richard Henry Lee）在提出北美独立的第二次大陆会议上所介绍的"Lee 决议"，1776 年 7 月 4 日在大陆会议上通过的写在羊皮纸上的"独立宣言"等。这一展览提供文献原件图片，并能放大浏览、下载和打印，部分文献还附带相关的影视资料，以方便用户对当时的历史进行还原，另外还对一些手稿提供翻译服务，便于用户阅读理解。而"今日的文件"展览区，则如同一个互动画廊，用户可以通过每日更新的图片和文字说明了解历史上的今天所发生的大事小情，并可以按照关键字搜索了解在自己生日那天美国历史上的重要事件，图片可以放大，也可以选定一个特定日期进行提醒设定，还可以链接到相关网站进行学习。这一展览还有相应的移动应用程序，安卓系统和苹果系统的手机用户可以在网站下载、安装并使用。

相比之下，英国国家档案网站的在线展览更具吸引力，不但主题新颖，而且内容充实。其主题涉及历史、文化、政治、教育、法律、地理、文字、奥运、战争、家庭、种族、伦理等多个方面，具体有末日审判书、初学者的拉丁语、关注世界末日、战争的艺术、秘密与间谍、镜头下的非洲、奥运会纪录、关注人口普查、20 世纪的英雄与恶棍等 50 余个主题。每一个主题都经过了精心的设计与组织，以图片为主，并配以详细的文字说明，也有部分采用了视频及播客的音频新形式，生动形象，引人入胜，能够使用户在浏览展览的过程中既获得信息与知识，又获得精神上的享受。例如，"20 世纪的英雄与恶棍"——丘吉尔、肯尼迪、墨索里尼、斯大林、杜鲁门等，他们是英雄还是恶棍？用户可以通过众多原始材料获得对这些历史人物的更加真切的了解；"战争的艺术"——动人的卡通、电影，丰富多彩的插图集合和艺术创造为你带来一个不一样的第二次世界大战；"末日审判书"是展示英国国家档案馆的"镇馆之宝"，它是一部反映 11 世纪英国社会生活全貌的珍贵古老档案资料，为了让学生了解这部分的历史史实，档案网站特别设计了关于这一主题的在线游戏以吸引学生的兴趣。在"泰坦尼克号 100 周年展"中，不仅有泰坦尼克号沉船的证人、受害者和幸存者的图片和 20 个小故事，以及关于泰坦尼克号和泰坦尼克号沉船的视频短片，另外还有博客中与泰坦尼克号的相关视频，以及泰坦尼克号中三个仓的人数介绍及相关文物纪念品展示。

与英美两国相比，澳大利亚国家档案馆网站的在线展览稍显逊色。其展览栏目主要是对现场展览的宣传和介绍，而真正的在线展览数量较少。其中有代表性的是"馆藏快照"（Snapshots of the Collection）。其中包括诸如在澳大利亚的中国人、我们玩的游戏、澳大利亚的众生相、灯塔图纸、从欧洲到澳大利亚——记录一个战后移民家庭等 20 余个主题。这些展览的形式比较单一，主要以简单的图片展示为主，配以少量的文字说明，并且大多只有一级链接，内部层次较少。

4.2.3　深度服务

除了提供基本的数字档案资源查询与展览服务，三个网站还结合自身特点与国情，通过对某些档案资源的组织和开发，为部分具有特定需求的公众提供深度服务。

NARA 网站所提供的数字资源深度服务主要包括教学专栏、谱系资源利用及退伍军人服务档案获取。在教学专栏中，教师与学生可以使用网站提供的 Docs Teach（一种在线教学工具）在"查找目录"中查找需要的历史资料，也可以选用由网站选取出来的资源。例如，革命与新国家的文档、内战与重建的文档、大萧条与第二次世界大战的文档、战后美国的文档、当代美国的文档等。这些文档按照时间的先后顺序排列，并附插图，图文并茂，便于利用，每一个文档都是一个专题，每一个专题之下又有相关的档案资料，类型多样，内容丰富。不仅如此，学生还可根据所提供的地图对美国历史上某一时期的事件开展学习，之后根据教师的指令进行相应的动手操作，还原历史事件，进行深入探索研究。值得一提的是，专栏还开辟了波音学习中心（Boeing Learning Center）、资源教室（Resource Room）和学习实验室（Learning Lab）等模块，教师与学生在这里不仅能够获得美国国家档案馆所展出文件、档案的副本，还能报名参加教学研讨会。学生在此还可以体验协作研究，在解决问题的练习中获得启发。美国是一个典型的移民国家，为了便于公众追溯和了解家族的源流，NARA 网站为专门研究系谱的用户提供了窗口。网站不仅为谱系研究者和有意了解个人家庭历史的用户提供了如何在国家档案馆中寻找资源的详细指导，而且细分了移民、普查记录、土地记录等诸多专题，以便有特定需求的用户能够更加便捷地获得帮助；此外，网站为用户提供了家庭研究所需要的工具和资源，如可供免费访问的数据库，其中包括只能通过国家档案馆的计算机设施访问（可以免费订阅）和可以在任何地方自由访问两种形式。在后者中，主要有可供访问 1940 年的人口普查图片、地图及其描述的 "1940 年人口调查数据库"；可供查找家庭历史的 "家庭搜索"；包含 1830—1892 年 1000 万移民旅客的姓名、年龄、性别、素养、职业、原籍、出发港、到达日期及到纽约所乘坐船只信息的 "Castle Garden"；包含 1892—1924 年 2000 多万名通过纽约港在埃利斯岛到达的移民的姓名信息的 "Ellis Island"，以及从德国（1850—1897 年）、意大利（1855—1900 年）、俄罗斯（1834—1897 年）、爱尔兰（1846—1851 年）等国移民，美国的乘客名单，甚至还有 1882—1930 年排华运动中所波及的美籍华人名单。此外，网站还设立了退伍军人服役档案专栏。专栏按照战争的名称，列出了查找有关退伍军人及军事档案资源的用户导航。同时，网站还提供了许多第二次世界大战时期的照片。而有关退伍军人的大部分资源，如服役记录及医疗记录并不在线提供，但本人或其近亲可以通过使用申请兵役档案的软件（eVetRecs）而获得。

英国国家档案馆网站也设立了专门的教学专栏，既为教师提供丰富多元的教学资源——从中世纪到当代的历史资料，也为学生提供了各种

学习资源，并着力于增强老师与学生的互动交流，提高学生的自主学习
能力。在这一专栏中，按年代和时期设立了"中世纪（1066—1485
年）""近代早期（1485—1750 年）""帝国和产业（1750—1850 年）"
"维多利亚时代（1850—1901 年）""20 世纪初（1901—1918 年）""两
次世界大战之间（1918—1939 年）""第二次世界大战（1939—1945
年）""战后（1945 至今）"8 个主题，并设置了 KS1～KS55 个关键阶
段，引导学生由浅入深地开展学习。在课程中，主要通过提问的方式，
并且引用一些历史上的著名人物，引导学生更好地学习历史，还原事
实。例如，"维多利亚时代（1850—1901 年）弗罗伦斯·南丁格尔，为
什么我们还记得她?"除此之外，教学专栏还提供以上 8 个主题的相关
课程学习、研讨会、视频会议、虚拟教室、播客和专业发展，并开设了
活动与游戏板块，增强学生对历史学习的兴趣。此外，英国国家档案馆
网站还为公众在线免费提供所保存网页的查询和浏览服务。用户可以通
过多种途径查询自己所需要的网页，例如，可以通过首字母 A～Z 索引
查找，或通过高级检索进行查询，其中提供了全文检索的功能，也可以
通过"主题集合"和"特色网站"，按专题进行浏览。再有，英国国家
档案馆网站上还提供了一个"播客与视频"（Podcasts and Videos）的窗
口，在这里，用户可以在线观看或收听部分音像档案，并可以获取相关
的著录信息。这些在线音像档案都是珍贵的历史记录，涉及家庭历史、
政治历史、社会历史、军事历史、法律与命令、档案工作者与档案馆、
国际社会等多个主题。

　　家庭史研究服务栏目是澳大利亚国家档案馆网站的一大亮点。"家
庭历史"一栏中主要包括 4 个板块，依次为"研究你的家人""案例研
究""资源"和"关心你的家庭档案"。用户可以在这里查找有关祖先
的相关信息，如是否参军、何时移民等内容。在"案例研究"中，用户
可以查阅到卡尔·克鲁塞尔尼基（Karl Kruszelnicki）、杰米·德瑞
（Jamie Durie）、诺妮·哈泽赫斯（Noni Hazlehurst）和安妮特·顺华
（Annette Shun Wah）等多个人的家庭故事。此外，澳大利亚国家档案网
站也开辟了向教师与学生提供教学资源的专栏，包括 8 个主题，分别是
"澳大利亚与世界""环境与自然""最初的澳大利亚人（原住民）""政

府与民主""健康与福利""科学与技术""社会与文化""战争"。每个主题之下又细分成若干小主题。如"政府与民主"下分"行动主义""国籍""宪法和公民投票""联邦""立法""议会及选举""总理及政客"7个小主题。大部分小主题都是提供一些图片资料与出版物(付费)。总体来讲,相比英美而言,澳大利亚国家档案馆网站上的教学专栏在内容与形式上都有很大的差距。

此外,三个网站均提供在线的出版物,主要包括书籍、研究论文、档案目录、电子报纸、杂志、教学用具等。如 NARA 网站所提供的出版物有军事服务档案、家族研究指南、黑人历史指南、1930 年人口普查缩微胶片目录等。用户可以通过网站提供的阅读器遵循相关指令进行浏览阅读,也可以通过在线下载打印,其中一些是免费提供的,有些则是需要付费的。

4.3 国家综合档案馆数字档案资源服务质量评价

基于以上对国内 30 个省级档案网站的数字档案资源服务情况的调查,结合第 3 章所提出的数字档案资源服务质量要求,并以国际上有代表性的档案网站——美国、英国和澳大利亚三国国家档案馆网站为参照,对我国国家综合档案馆数字档案资源服务质量进行评价。

4.3.1 服务对象质量评价

如前所述,服务对象的广泛性与普遍性是数字档案资源服务质量的首要要求。所谓服务对象的广泛性与普遍性就是指数字档案资源服务应该面向全体社会公众,使之享有平等获取档案资源的机会。互联网具有开放性、共享性的特征,互联网就是基于自由开放而建立并发展起来的。通过互联网联结无数网络站点与终端设备所形成的网络空间是一个相对自由、平等的世界。海量的信息在互联网络上自由产生与传播,并平等地分享给能够接入网络的任何用户。因此,从这个意义上来看,在当下网络应用飞速发展、网民数量急剧增长的背景下,国家综合档案馆建立网站并在线提供数字档案资源服务,本身就是拓宽服务对象范围,改进服务对象广泛性与普遍性的有效途径。

值得肯定的是，当前国内 30 个省级档案网站虽然水平参差不齐，但都提供不同形式的数字档案资源服务。据调查，30 个省级档案网站均设置了在线展览板块，有 28 个提供目录数据库检索服务。这代表着数字档案资源服务的发展趋势，在一定程度上为提升数字档案资源服务对象广泛性与普遍性提供了保障，也有利于社会公众更加便捷地获取到数字档案资源。但不容否认，截至 2020 年 6 月，28 个省级档案网站所提供的数据库检索服务能正常使用的只有 20 个，其余的检索无数据或存在技术问题，而且由于经费短缺、开放鉴定工作量大等多方面的原因，在线提供的全文信息极为有限，目录信息中的文件级目录信息也偏少，只占全部馆藏很小的比例；此外，在线展览所展出的内容和质量非常有限，在深度服务水平上也有待进一步提升。大多数省级档案网站仅仅是将深度服务局限于提供档案解读和史料研究及一些编研产品，缺乏对档案资源的有效开发与组织，普遍存在内容贫乏的问题。

相比几个西方发达国家的国家档案馆网站而言，国内省级档案馆档案信息网所提供的数字档案资源数量和所占馆藏的比例差距悬殊。虽然两者不在同一个层级上，但也能反映出一定的问题。仅以在线数据库为例，美国国家档案馆在网站的"Search Catalog"共计收录 3424244 立方英尺的馆藏，具体包括 604 个档案组合（Record Groups）和 4761 个收藏（Collections），267384 个系列（Series），20909034 个案卷（Files U-nites），共 4112849 份档案（Items），以及 10942 件实物（Artifacts）的著录信息，还有 420 万份数字副本。英国国家档案馆网站"Discovery"收录了 3200 多万份由中央政府、英格兰和威尔士法庭以及其他国家机构所产生的保存在国家档案馆及全国各地 2500 个档案馆中的档案的著录信息，到目前为止，已有 900 万份档案可以在线获取并下载。澳大利亚国家档案馆网站"RecordSearch"收录了 9000 个档案来源（机构、个人、团体）、6 万个系列和大约 800 万份档案的著录信息，以及 120 万份档案的数字拷贝，约占总馆藏的 20%，且档案著录信息与数字拷贝的数量仍在以每年数十万的速度持续增长，超过 2400 万幅纸质档案的扫描图像能够通过"Record Search"免费查看，并且每周都会有新的数据上传。

因此，兼顾历史档案和新开放档案的目录信息与全文信息的数字化工作，尽可能地将所有非涉密档案的目录信息与全文信息纳入在线数据库，不断提高在线数字档案资源的规模，通过网络无差别地向用户提供服务，进一步提升数字档案资源服务对象的广泛性与普遍性，是下一阶段国家综合档案馆推进数字档案资源建设的重要目标。

4.3.2　服务内容质量评价

向用户提供什么样的数字档案信息，这是决定数字档案资源服务质量水平的重要因素。如前所述，数字档案资源服务所提供的内容应符合相关性与有用性的要求，契合用户的需求，能够让用户感受到基于自身需求视角的数字档案资源是丰富的、适合的、有用的。

当前，国内的国家综合档案馆数字档案资源服务还普遍存在内容不够丰富，难以满足民众需求的问题。通过调查发现，各个省级档案网站所提供的数字档案资源中除了少量的特色馆藏之外，绝大部分都是已经解密或公开的政府红头文件，还有少量的历史档案。这些档案资源只能满足部分学者的研究需求，普通民众则缺乏利用的兴趣与动力。而在线提供的数字档案资源数量多，主题内容与形式多种多样，非常贴近民众的生活，是英国、美国、澳大利亚三国国家档案馆网站的共同点。三个国家档案馆网站上都有多个数据库可供检索，其所包含的数据内容十分丰富，涵盖政治、历史、民生、军事、战争、法律、新闻、地理、人口、艺术、科技等多个领域，包括文本、图像、缩微胶片、影像等多种形式。例如，英国国家档案馆网站"Discovery"内容涵盖家庭历史、中世纪的税收、刑事审判、UFO目击事件的调查行动以及许多国家的历史和其他主题。此外，三个国家的国家档案馆网站所提供的在线展览与深度服务，主题广泛，内容生动，形式多样。例如，美国国家档案馆网站上的数十个展览主题涉及政治、民生、军事、科技、自然等多个方面，其中，不仅有贴近大众生活的照片资料，还有关于美国的开国创始文件、体现美国人权演变发展的重要文件和总统图书馆中珍藏的有关总统及其所生活年代的文物图片。英国国家档案网站的在线展览，其主题涉及历史、文化、政治、教育、法律、地理、文字、奥运、战争、家庭、种族和伦理等多个方面。澳大利亚国家档案馆网站的展览包括诸如在澳大利亚的中国人、我们玩的游戏、澳大利亚的众生相、灯塔图纸、从欧洲到澳大利亚——记录一个战后移民家庭等 20 余个主题。

数字档案资源内容不丰富，与公众需求契合度不高，社会关注度较低的问题，实际上是当前国内各级国家综合档案馆数字档案资源服务的通病。因此，如何尽可能多地收集和积累能够满足社会公众的文化需求、维权需求和日常生活需求的数字档案资源，拓展馆藏数字档案资源的广度与深度，建设贴近民众和反映社会方方面面的数字档案资源馆藏，提高数字档案资源服务内容的相关性与有用性，是未来数字档案资源建设的重要课题。

4.3.3　服务方式质量评价

服务方式的易用性与趣味性是在服务对象与服务内容质量要求基础上提出的更高层次的要求。所谓服务方式的易用性与趣味性，主要是指综合档案馆应采用用户易于接受和乐于使用的方式，向用户提供档案信息或产品，能让用户感受到数字档案资源查询与获取是简单的、高效的、有趣的，从而努力创造积极的用户体验，提高用户的接受度与满意度。

当前，国内各个省级档案网站虽然都提供不同形式的数字档案资源服务，但在便捷性与趣味性上还比较欠缺。首先，虽然几乎所有的档案网站都设置了关键词检索和高级检索，但实际操作并不便利，而且除了上海、浙江、贵州、甘肃与内蒙古档案馆网站，其他省级档案馆网站都未提供检索帮助与引导服务。其次，虽然有 6 个网站允许用户对检索结果进行处理，但检索输出结果的显示模式及其处理方式过于简单，大都不能下载，只能进行简单排序或浏览。再次，未能有效地整合本省各个地、州、市与区、县的档案馆藏，为用户提供在线检索服务。虽然有部分网站正在试图建设"一站式"检索门户，但都处于探索与起步阶段，地、州、市与区、县数据库仍处于空置状态或数量有限。最后，除了上海、天津、浙江等少数档案网站外，在线展览与深度服务尚停留于直接展示的层面，没有综合运用文字、图像、动画、视频等多种形式，生动直观地展示馆藏档案资源，缺乏引人入胜的效果，趣味性还有待提升。

相比之下，英国、美国、澳大利亚三国国家档案馆在数字档案资源服务便捷性与趣味性上值得学习与借鉴。首先，其能够使用户在访问网站和获取资源的过程中享受到非常便捷的服务。例如，每个网站都就兵役档案、移民档案等一些使用率比较高的档案资源编制了非常详细的专题指南，还为研究学者、教师与学生等一些特殊用户开辟了专栏，提供深度服务；三个网站都提供了多样化的在线检索途径，同时采用各种不同的形式对用户查找资源提供帮助与指导，以便用户能够尽快地查找到所需要的资源，使用户在查找资源的过程中能够真正感受到人性化的关怀；用户可以根据需要，对数据库检索的输出结果进行诸如保存、打印、下载等各种处理，并且还能保存或定制检索条件和检索记录，实现追溯查询和重复查询；三个网站均通过对馆藏资源各个层级的著录，深入地揭示了资源的主要特征与相互关系，并设计了多种在线检索途径，提供数据库检索服务；此外，还基于对部分档案资源的深层次组织和开发，都着力于不断提升在线资源的集成度。例如，美国的"Search Catalog"成为网站上的"一站式"检索入口，英国的"Discovery"整合了网站上的其他数据库。其次，三个网站都非常注重提高各项服务的趣味性，追求最佳的用户体验。例如，英国国家档案馆网站的在线展览不但主题新颖，而且内容充实。每一个主题都经过了精心的设计与组织，以图片为主，并配以详细的文字说明，也有部分采用了视频的形式，生动形象、引人入胜，能够使用户在浏览展览的过程中既获得信息与知识，又获得精神上的享受；美国国家档案馆网站在教学专栏中为教师与学生提供了 Docs Teach（一种在线教学工具）与专题历史文档，这些文档按照时间的先后顺序排列，并附插图，图文并茂，便于利用，每一个文档都是一个专题，每一个专题之下又有相关的档案资料，类型多样，内容丰富。不仅如此，学生还可根据所提供的地图对美国历史上某一时期的事件开展学习，之后根据教师的指令进行相应的动手操作，还原历史事件，进行深入探索研究。

通过国内省级档案网站数字档案资源服务调查可以发现，国家综合档案馆数字档案资源服务的便捷性与趣味性仍有较大的提升空间。一方面需要坚持以人为本的服务理念，进一步提升在线数据库检索系统的质量，使用户能够更加便捷地查询与获取档案信息；另一方面也需要在细节上下功夫，在服务方式中融入更多的智慧与创意，使服务更具新颖性与趣味性。

第5章 服务质量导向型数字
档案资源建设模式的构成

对于档案馆、图书馆与博物馆等收藏机构而言，"藏品就是资源，藏品的质量、种类以及规模决定着收藏机构之间的社会竞争力，藏品的质量高、种类多、规模大，对公众的吸引力和社会影响力就会越大"①。馆藏资源是各级国家综合档案馆的立足之本，其所拥有档案资源的规模和质量，一定程度上决定着其社会地位与影响力，同时也决定着其未来发展的潜力与空间。因此，长期以来，国家综合档案馆馆藏资源建设问题备受理论界与实践界的关注，一直是研究的热点问题，也是各个国家综合档案馆的工作重心。随着数字时代的来临，档案馆馆藏建设面临全新的课题，数字档案资源建设成为档案馆馆藏建设的重要内容。如前所述，档案资源服务是档案馆工作的"落脚点"与"输出端"，其水平高下是衡量档案资源建设实际成效好坏的主要依据。因此，数字档案资源建设应以不断提升服务质量为基本导向。通过对国内省级档案网站的调查发现，我国国家综合档案馆数字档案资源服务质量水平还有进一步提升的空间。因此，如何优化数字档案资源建设思路，进一步提升数字档案资源服务质量，将成为下一阶段国家综合档案馆信息化建设的重要问题。本章基于数字档案资源服务的质量要求，对质量导向型数字档案资源建设的目标进行分析，继而通过对国内外四个典型案例的剖析，归纳出以提升服务质量为导向的数字档案资源建设理念与策略，最后提出服务质量导向型数字档案资源建设模式的总体框架。

---

① 李志君. 从档案的角度看家书[J]. 山西档案,2005(3):55.

5.1　数字档案资源建设的目标

基于数字档案资源服务的质量要求，对于数字档案资源建设而言，实现资源来源多元化、资源结构多维化与资源呈现多样化，是其追求的基本目标取向。

5.1.1　资源来源多元化

数字档案资源服务对象的广泛性与普遍性，要求数字档案资源服务应该面向全体社会公众，使之享有平等获取档案资源的机会。服务对象的广泛性与普遍性是在价值取向层面对国家综合档案馆开展数字档案资源服务提出的基本要求。实现馆藏数字档案资源来源的多元化，是满足服务对象广泛性与普遍性要求的基础性条件。

档案与公众权利密切相关，对档案资源的获取是保障和实现公众政治权利、文化权利及其他法律赋予的权利的重要条件。当前，随着国民素质的提升，使公众的权利诉求日益增长，国家综合档案馆的公共性决定了其必须保存反映和体现社会公众利益的档案资源，并且确保非涉密档案资源无差别地向社会提供。社会构成的多元化导致档案形成主体也日益多元化，除了党政机关、人民团体、国有企事业单位之外，还有大量的自治机构、民营企业、民间团体、家庭和公民个人。这些主体所产生或保存的档案，反映复杂的权利关系，部分涉及社会公众的整体利益或某些弱势群体的利益，需要国家综合档案馆予以关注。例如，澳大利亚档案工作者协会 2017 年会主题为"多元民族、多元馆藏、多元世界"，集中探讨和思考馆藏档案建设的多元化问题。①

特别值得一提的是，20 世纪初，国内历史学研究经历了深刻的变革。1902 年，梁启超发表《新史学》，明确提出了"国"与"民"的概念，强调要重视研究普通国民的历史。此后，其他史家也纷纷提倡"民

---

①　ASA. 2017 Conference[EB/OL].[2018 - 01 - 05]. https://www.archivists.org.au/learning - publications/2017 - conference.

史""为民众而作"的历史。"新史学"逐渐演变为"新史学运动",影响至今:第一,社会史研究日渐升温,历史学者的研究视角呈现"自下而上"与"从宏观到微观"的特点,研究的方法也从文献转向田野,史料范围从原来的官方档案扩展到民间文献、口述历史与私人文书;二是历史观念由精英史观向大众史观转型,公众史学开始兴起。区别于美国公共史学,国内的公众史学以公众为本位,强调书写公众、公众参与、公众消费。① 正如龙应台所说:"我希望在大历史的隙缝里找到个人史,好像在一堵古城墙的砖石缝里头找到活生生的野菊花。"② 公众史学的核心就在于主张让公众共享历史话语权,用多元叙事取代将宏大叙事充当唯一性的历史叙事。实际上,从 20 世纪七八十年代开始,西方国家的史学界也经历了类似的过程,史学界开始倡导更具包容性的历史解释,主张将女权主义历史、少数族裔史、非裔美国史、新文化史等纳入史学研究范畴,历史学渐渐由上至下,回归公众领域。③ 大众参与的方式使公众史学成为关乎人类自身活动记录的学科,关乎每个人、每个家庭、每个社区、每个组织的历史证据保存。④ "新史学"对于微观事物与多元存在,如小人物、社区历史、地方历史等方面的重视,使很多未曾进入传统档案学视野的记录开始受到关注。

长期以来,受制于资源来源的局限,我国国家综合档案馆馆藏资源单一,与社会公众的日常生活关联度较小,缺乏服务大众的基础性条件,因而服务也具有明显的"行政化"与"小众化"的特点。因此,数字馆藏的来源不能只局限于党政机关与部分体制内单位,而应该兼顾不同的主体,关照不同群体的权益,实现资源来源的多元化。一方面,作为构成社会的细胞与组织,个人与组织产生的档案都能从一个侧面或某一个细节反映社会发展的历史面貌,对于构建完整生动的历史有不可替代的价值,社会公众与弱势群体也需要保存自己的历史,在国家档案资源体系中留下自己的印记。档案馆保管的档案的来源不应局限于官方组

① 钱茂伟. 中国公众史学通论[M]. 北京:中国社会科学出版社,2015:41.
② 龙应台. 我希望在大历史的隙缝里找到个人史[N]. 南方周末,2018 – 07 – 26(03).
③ 李娜. 公众史学与口述历史:跨学科的对话[J]. 史林,2015(2):195 – 222.
④ 钱茂伟. 公众史学:与公众相关联的史学体系[N]. 人民日报,2016 – 02 – 22(14).

织、权威集团，而应扩展到更加广阔的社会领域。另一方面，档案馆是一个国家和社会集中保存历史记录的场所，也是一种社会记忆建构的选择机制。"在普通公民看来，档案不仅要涉及政府的职责和保护公民的个人权益，而且更多的还应为他们提供根源感、身份感、地方感和集体记忆。"① 国家综合档案馆应该在保存"官方记忆"的同时，更加注重对"民间记忆"的保护，将一个个鲜活的独立个体或者特殊群体的记忆及记忆的载体保存下来，汇总起来，从而成为记忆资源的汇聚之地、创造之地、传承之地。

5.1.2　资源结构多维化

　　数字档案资源服务内容的相关性与有用性，要求国家综合档案馆通过计算机设备与其他各种互联网终端所提供的档案信息应契合用户的需求。如前所述，用户对档案资源的需求具有多向性的特征，构建具有一定广度与深度的馆藏资源体系，是国家综合档案馆开展档案资源服务的重要条件。为了更好地履行公共服务职能与提高馆藏资源与用户需求的契合度，进而确保数字档案资源服务内容的相关性与有用性，国家综合档案馆在数字档案资源建设中要注重保存立体鲜活的历史材料与多层文化样本，实现馆藏资源结构的多维化，全面和生动地反映社会的方方面面。

　　国家综合档案馆应收集与保存一切反映社会生活原貌，具有记忆价值与历史文化价值的各种形式的材料，为用户提供结构多维的数字资源：数字资源的主题要涉及政治、历史、民生、军事、战争、法律、新闻、地理、人口、艺术、科技等多个领域，"档案工作者必须坚定这一价值观念，必须更新和继续承担我们的责任来保证我们收藏的东西充分反映了种族、宗教、文化等的多样性，使其都包含在我们的文献资料中"②。又如覃兆刿教授所言，"文化的多样性和层次感，要求档案馆藏

---

① 特里．库克．1898 年荷兰手册出版以来档案理论与实践的相互影响[R]//第十三届国际档案大会文件报告集．北京：中国档案出版社，1997：143 - 176.
② 格林．论后现代社会档案和档案工作的价值[J]．李亚勃，编译．档案学研究，2011（2）：84 - 89.

具有丰富多样和与社会真相对称的立体结构"①。在数字资源形成时间跨度上要兼有历史档案资源与现行档案资源；在数字资源的开发层次上要包括一次信息、二次信息与三次信息。

5.1.3 资源呈现多样化

数字档案资源服务方式的易用性与趣味性要求国家综合档案馆应采用用户易于接受和乐于使用的方式，向用户提供档案信息或产品，努力创造积极的用户体验，从而提高用户的接受度与满意度。资源呈现是以一定的方式将数字档案资源展示出来，供用户获取或使用的过程。资源如何呈现是联结数字档案资源建设与数字档案资源服务的关键环节，直接影响数字档案资源服务方式的易用性与趣味性。因此，数字档案资源建设不能只局限于关注收集什么资源的问题，还要考虑资源如何呈现的问题。为了充分实现数字档案资源的价值，提高资源的社会关注度与优化用户体验，国家综合档案馆要以资源呈现多样化作为目标定位，"通过对网络环境下各类媒介的运用，将不同类型、不同内容的档案大餐悉数送至公众面前，吸引公众关注"②。

信息技术的发展与网络时代的到来为数字档案资源的呈现提供了更多的选择与更大的创新空间。以网络发展为先导的新媒体具有网络化、数字化、便捷化、互动性与多元化的特点。"随着新媒体的普及应用，社会公众获取信息的途径和渠道将由以前完全依赖期刊、报纸、广播、电视转向更多地依靠互联网和手机，通过新媒体获取信息已经在公众的日常生活中占据越来越重要的地位。"③ 一方面，在新媒体环境下，国家综合档案馆应充分利用档案网站、社交媒体与移动新媒体等多种媒介呈现档案资源，并且在三者之间实现关联互动，构筑多维立体的资源呈现渠道体系。另一方面，为了迎合社会公众获取信息追求便捷、有趣的心理偏好，国家综合档案馆要通过数据库、在线展览、App 应用等多种方

---

① 覃兆刿. 档案文化建设是一项"社会健脑工程"——记忆·档案·文化研究的关系视角[J]. 浙江档案,2011(1):22-25.

② 王健,王小丹."佛罗里达记忆"特色分析[J]. 中国档案,2016(3):68-69.

③ 赵屹,汪艳. 新媒体环境下的档案信息服务[M]. 上海:世界图书出版公司,2015:21.

式，采用发布、推送等多种手段，以音、影、图、文等多种形态呈现档案资源。

5.2　典型案例分析

当前，国内外很多档案馆、图书馆与博物馆都在致力于数字资源建设，其中不乏成功的案例。选择国内外 4 个典型案例进行分析，为探讨服务质量导向型数字档案资源建设的理念与策略提供启示。

5.2.1　浙江方言语音建档项目

5.2.1.1　项目背景

随着经济社会的发展，经济全球化、城乡一体化的加快推进，汉语方言已经发生了巨大变化，许多方言土语正在逐渐萎缩和消亡。因此，全面科学地反映和展示我国汉语方言的传统面貌，及时抢救记录和保存汉语方言资料，保护民族语言文化遗产，已经成为文化建设中一项迫在眉睫的重要任务。传承人类文化记忆，是档案部门的重要职责。"传承和记录地方方言，就是传承地方特色文化，这是档案部门在保护民族语言文化遗产与构建优秀传统文化传承体系中发挥应有作用的必然要求和职责所在。"[①] 开展方言建档，及时抢救记录和保存方言，有利于积累档案资源，丰富和优化档案馆馆藏；有利于彰显档案文化魅力、推进档案工作创新发展；有利于进一步提升档案部门的服务能力与社会影响力。

浙江是吴语的主要分布和使用地区，吴语是浙江省的第一方言。随着社会的发展变迁，吴语使用场合逐渐缩小，老派方言的特征正在慢慢消失，亟待保护和传承。2011 年 11 月，浙江省档案局正式发布《关于开展浙江方言语音档案资料建设工作的通知》，在全省范围内开展浙江方言语音档案数据库建设工作，并把浙江方言语音建档确定为抢救性的重点项目。

---

① 沈伟光,朱南雁. 开启"文化强档"新路——浙江方言语音建档试点工作综述[J]. 浙江档案,2012(5):18-20.

5.2.1.2 项目进程

该项目包括 3 个具体的实施步骤。① 第一，开展调研，制定规划。2011 年，浙江省档案局在对浙江方言进行调研的基础上，制定了浙江方言语音建档工作规划，确立了"一个目标，四项任务"和"两个阶段"推进的方案。"一个目标"即通过对浙江方言的语音、词汇、语法，以及由此延伸的说唱、语音故事、民间歌谣、戏曲等的整理建档，建立浙江方言语音档案资料库；"四项任务"即开展普查、制定文本、制作音档、整理归档；"两个阶段"就是通过试点推进和全面实施，完成建档工作。第二，先行试点，探索经验。全省共确定了 18 家试点单位，对记录和传承浙江方言的途径方法、手段方式和载体机制等进行探索，努力取得实践成果和制度成果，为全省推进提供经验借鉴。第三，总体部署，全面推进。截至 2015 年年底，通过方言语音建档，浙江省档案局为全省 11 个市共 96 种方言语音建档，积累了大量有价值的数字档案资源，顺利建成了浙江方言语音档案资料库。未来几年，浙江省档案局还将重点在拓展资源建设广度与深化资源开发深度上进行后续探索。② 一方面，在建档范围上，向乡镇、村（社区）延伸，使覆盖的面更广；在建档方式上，由规范性转向场景性，以活化形态展现；在建档力量上，更加强化统筹思想，树立众创众筹的理念，充分利用社会资源，激发公众参与。另一方面，加强与高校和社会研究机构的交流合作，推进与语言学、史料学等方面专家合作，加大对方言语音资料的开发、研究力度。

5.2.1.3 项目启示

浙江方言语音档案数据库建设是一项富有特色与成效的档案文化建设项目。"这一项目将现阶段浙江各地的老派方言作为建档资源，有计划地在全省展开调研和建档工作，以全新的视角开辟了档案文化建设的新领域，以很强的现实性、地方性和原创性特点，为汉语方言的传承和保护注入了'档案元素'，受到专家、业内人士和社会的极大关注。"③

① 刘芸. 浙江方言语音建档 留住正在消逝的声间[N]. 中国档案报,2015 – 11 – 30(003).
② 同①。
③ 徐越."浙江方言音档"的构建及预期价值[J].浙江档案,2012(1):39 – 42.

浙江方言语音建档项目是档案部门推进"文化强档、创新服务"战略的一次成功探索，也是开展数字档案资源建设的一次典型实践，有着多方面的启示：第一，工作模式创新。这一项目的开展集全省档案部门之力，实现了系统上下联动，形成了"省＋市＋县"合力，既较好地发挥了省档案局的集中统筹作用，又给地方各级档案局提供了发挥主观能动性的自主创新空间。第二，建档模式创新。采用项目化记史与着力保存大众记忆的工作思路，充分利用档案部门的组织优势与设备优势，主动建档，项目带动，记录社会公共记忆，做社会历史记忆的积极建构者，以此促进档案资源的聚集，大大拓宽了数字档案资源建设的渠道。第三，资源建设机制创新。通过"档案部门＋其他政府部门＋高校＋研究机构＋媒体＋百姓"合作互动的工作模式，充分整合了社会资源，利用社会力量合力推进数字档案资源建设，构建了"以我为主，多方参与，共建资源"的工作格局。特别是通过电视、报纸、网络等媒体多方宣传、海选方言发音人、有奖征集活动等多种形式，一方面让方言建档家喻户晓，成为社会关注的热点；另一方面激起了公众广泛关注和参与热情，形成了较好的公众参与的局面，成为方言语音建档工作良性运作的重要保障。

5.2.2　北京记忆项目

5.2.2.1　项目背景

城市和人一样具有完整的生命记忆，记忆赋予城市灵魂，其实物载体就是城市记忆的记录。① 随着我国城市现代化进程的不断推进和深化，城市规划和建设发展迅速，30 余年的时间，我国城市面貌发生了翻天覆地的变化。新建筑建起的同时，城市原本的面貌肌理及传统文化遗存遭遇磨蚀破损，大量承载着城市记忆的建筑、传统饮食、文化民俗正在迅速消亡，整个城市的记忆正在慢慢消失。要挽回这种建设性破坏所导致的"城市失忆"局面，弥合传统与现代之间的裂痕，拯救和保护行动刻不容缓。各地开展的"城市记忆工程"正是对这一问题的回应，其以城

---

① 加小双,徐拥军. 中国"城市记忆"理论与实践述评[J]. 档案学研究,2014(1):22－32.

市历史发展为轴，抢救性地收集反映城市历史及发展过程具有保存价值的文字、图片、音视频和实物等档案资料，整合馆藏及相关部门已有的档案信息资源，利用信息化、数字化等手段，分门别类地建立系统化的数据库，构建一个全面反映城市记忆的多媒体档案信息资源系统。① 以北京市"城市记忆工程"——北京记忆项目为例，通过对这一项目的剖析，从中得到有关数字档案资源建设的若干启示。

5.2.2.2　项目介绍及架构

北京记忆项目（Peking Memory Project，PMP）为北京"城市记忆工程"的具体项目，由中国人民大学人文北京研究中心牵头并具体操作实施，旨在构建信息时代北京的数字记忆。PMP 综合运用人文历史、艺术鉴赏、资源管理、信息技术等多学科多领域的手段、工具和技术，以专题为中心面向公众搭建专业网站、互动网络平台及数字资源数据库，多渠道、多形式实现对文化资源的收集、诠释和再现，从整体上呈现和沟通"老北京"的历史魅力与"新北京"的精神风貌。② 项目主要展示平台为北京历史文化资源网站"北京记忆（Http：//www. PekingMemory. cn）"（图 5 - 1），网站由"两站一库"构成，即前台自建专题网站（群）、互动网站"我的北京记忆"与后台数字资源库。

图 5 - 1　"北京记忆"主页

---

① 加小双，徐拥军. 中国"城市记忆"理论与实践述评［J］. 档案学研究，2014（1）：22 - 32.
② "北京记忆"旨趣［EB/OL］.［2018 - 01 - 22］. http://www. pekingmemory. cn/gywm. html.

（1）专题网站（群）。主要指"北京记忆专题总览"模块，特点为专题架构、专家领衔、专精展示。以专题方式展示北京历史文化，优先组织濒危专题，每个专题均由相关专家领衔，在专深研究的基础上整合各类资源，借助多种媒介及新技术，数字化再现北京记忆，形成界面友好的专题文化网站。专题列表分类包括民生习俗、古城建筑、艺术工艺、饮食文化及铁路交通等。以"北京说唱艺术"专题为例，说唱艺术作为一种独特的艺术形式，植根于人民的生活土壤之中，与群众的日常生活、劳动情感密切相关，PMP 项目组将该专题细分为曲艺名家、表演技巧、音像图库、曲苑杂坛、演出场所、曲艺摇篮、艺术曲种 7 个类目，类目内容包括文章介绍、图像展览、音频视频展示等，用户可单击类目标题浏览详细页面，获得对该主题详细的了解，内容翔实专业，浏览界面友好。

（2）互动网站"我的北京记忆"（Http：//www. MyPekingMemory. cn）。其特点为众筹共创与众建共享。网站将网页展示、主题征集及资源分享融为一体，旨在为北京居民、海内外北京文化爱好者提供一个互动交流平台。[①] 网站设有首页、图库、文集、音视频、资源地图 5 个栏目，征集主题分为砖瓦之间、五行八作、采风问俗、北京故事 4 个模块，专题资源征集主题包括"奥运""票证""那些胡同"等，用户可通过注册为网站会员，以"记忆贡献者"的身份投稿文章、绘画、照片图像等，分享自己的北京记忆，热门内容包括《记忆中的北京游乐园》《御膳房》《北京地铁站名由来（二号线）》等。

（3）数字资源库。以各个相关专题为纲，深入挖掘、整理、加工并组织相关档案、图书与实物资料，通过文字、图片、音频、视频等记录手段，建立专题数据库，并搭建网站平台，为北京文化研究者提供深加工后的数字资源和阐释成果。PMP 数字资源库建设由中国人民大学人文北京研究中心承担，于 2013 年正式启动，主要着眼于北京城市建筑中的有形建

[①] 我的"北京记忆"旨趣［EB/OL］.［2018 - 01 - 22］. http://www.mypekingmemory. cn/gy-wm. html.

筑与设施，构建北京城市文化的集体记忆①，对外传播北京文化。

（4）"北京记忆"网站主页还提供一个名为"北京老照片时光机"的模块，该模块是基于 GIS 地理信息系统的北京老照片档案集成与展示平台，将北京市地图与照片数据库查询连接起来，用户可通过单击图片定位历史事件发生的地理位置信息，达到可视化的效果。

5.2.2.3　项目启示

（1）内容立体，资源类型多元。"两站一库"以北京文化专题为中心整合和展示资源，项目组按照从城市建筑、地理空间到民俗礼仪、艺术审美、饮食文化及交通等方向展开，诠释各个主题内容，贴近民众需求。目前，设置的文化专题包括地理空间、宫殿、坛庙、城门城墙、衙署、水道·交通、王府、园林、商业街和老字号、名人故居、胡同·四合院、会馆、寺观、长城、陵寝、教育、文献典藏、方言、艺术、民生习俗、思想·制度·史事、人物传记 22 个大类。大类之下再细分二级甚至三级子目录。② 整个项目主题通过多元立体且条理有序的文化专题解析以及彼此联系的构建，生成网络和数据库中关联的数字记忆空间，从而为人们了解北京城市文化起到导引和一览全貌的作用，浏览用户可跟随官方设置的浏览顺序或自行搜索感兴趣的主题，了解更加丰富全面的北京记忆。

（2）形式创新，注重多种媒介及技术的应用。PMP 综合运用多种现代信息技术，包括数据库技术、网络技术、多媒体技术、移动通信技术、GIS 技术、AR 技术，以及人文学科分析方法和工具，整合与组织多种类型文化资源，以多层次、多主题、多角度及可视化、可感知的形式来展示内容，摆脱了以往单一媒介的局面，为用户提供了易获取、友好、内容整合度高的互动平台，从而拉近了与民众的距离。

（3）主体扩展，引入公众参与。"城市记忆工程"事关城市的整体记忆，也关乎市民的文化和情感寄托，在挖掘收集相关资源时，不仅要

---

①　"北京城市记忆"数字资源库建设项目开题会顺利召开［EB/OL］.［2018 – 01 – 22］. http://weilaiwansui. blog. hexun. com/91199499_d. html.

②　梁继红. 光影声色：数字重建北京城市记忆［N］. 中国档案报,2015 – 12 – 16(003).

听取专家学者的建议与指导，民众的意见也非常重要。PMP 为公众市民提供了专门的网站页面"我的北京记忆"作为分享平台，参与者可通过注册为网站会员与每一位页面浏览者分享图像、音视频、文集及故事的方式成为"记忆贡献者"，并且在官方网站保留参与 ID，留下属于自己的足迹；网站项目组将用户添加的不同记忆整理成图库、文集及音视频分享，并运用 GIS 技术形成资源地图，使浏览用户更加清晰明了地获取内容。通过该方式广泛吸收了社会档案资源，获得社会公众的认可，同时也实现了服务方式的亲民化。

5.2.3　新加坡记忆项目

5.2.3.1　项目情况简介

新加坡记忆项目（Singapore of Memory Project，SMP）于 2011 年正式启动，是一个由国家发起的全国性项目。SMP 由新加坡信息通信与艺术部牵头，在国家图书馆管理局与其他机构，如图书馆、文物机构、研究机构等的紧密合作下共同推进实施。该项目致力于收集、保存并提供访问与新加坡相关的"故事"，以此保护与展示新加坡的历史与文化。SMP 的目标是将那些形成并愿意分享与新加坡有关的记忆和内容的个人、社区、团体或机构联系在一起，鼓励社会各方力量将其生成的有关新加坡的记忆资源贡献给更多的人，共同构建一个产生归属感与认同感的文化记忆空间，从而培育属于新加坡的特色记忆文化。SMP 主要通过新加坡记忆门户网站（http：//www. singaporememory. sg）和新加坡记忆项目官方博客网站"iremember SG"（图 5 - 2、图 5 - 3）两个平台与门户开展和社会公众的互动交流、展示与分享资源。在门户网站上，各种不同的"记忆"资源被划分为不同的主题予以呈现，并提供了按"内容"或"标签"检索与"记忆年表""地域定位""最新添加记忆"等多种浏览方式，用户对这些资源可以浏览、下载并进行添加标签、发表评论等各种操作。门户网站还有一个相应的 iPhone 应用程序，允许用户动态地捕捉和即时上传他们的记忆。官方博客的功能主要是作为 SMP 的一个宣传平台，但同时也鼓励公众通过博客上传与分享自己的故事和照片。此外，该项目也开展一些外展活动，"iremember SG"就曾以嘉年华会的方式进入邻里社区，陆续主办一系列小型的路演活动。这些活动方便了来自各行各业的新加坡人向新加坡记忆项目贡献他们的记忆，尤其是那些拥有丰富记忆的年长的居民。① 门户网站与官方博客上的记忆资源是所有发生在新加坡的故事，这些记忆可能来自于照片、信件、手稿、视频或口头采访，每一个人都可以自由地分享。

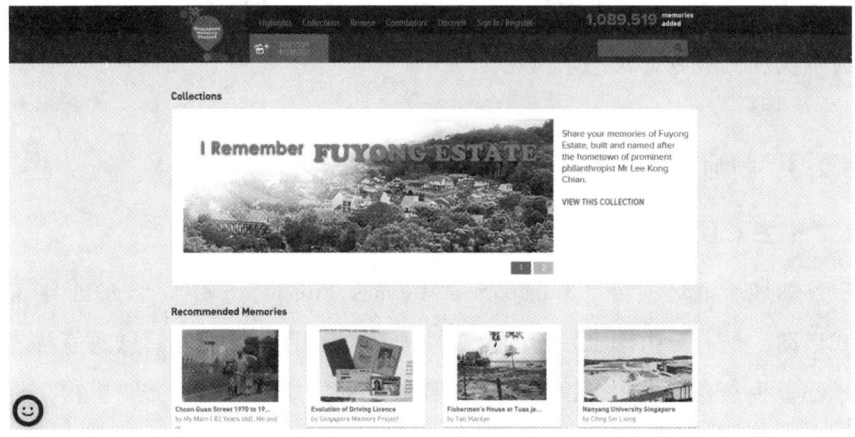

图 5 - 2　SMP 门户网站主页

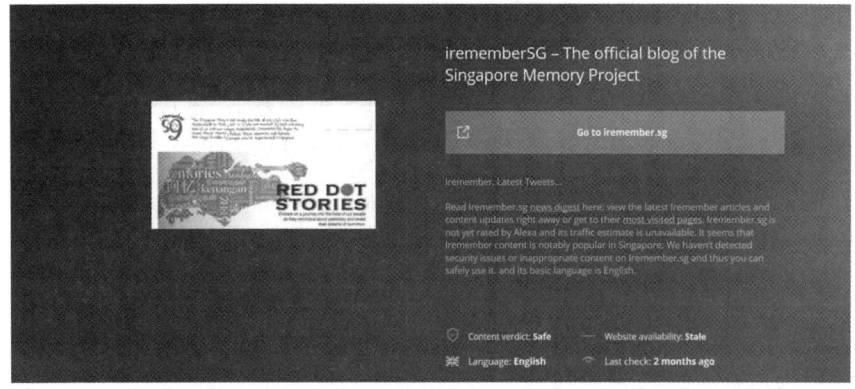

图 5 - 3　iremember SG 博客主页

---

① 陈静．全民参与式的新加坡记忆工程实施现状及启示[J]．北京档案,2016(3):34 - 37.

5.2.3.2　项目启示

SMP 最大的特色就在于其坚持开放、平等、交互、共建历史文化与记忆资源的建设理念，十分注重鼓励与吸引社会公众参与资源共建，这也是它之所以获得成功的主要原因。一方面，门户网站与官方博客是一个完全开放的平台，每一个新加坡人都可以通过一个账户，如谷歌、雅虎、脸书（Facebook）、Windows live ID 或者国家图书馆管理局（NLB）的数字图书馆的账户创建个人记忆账户，存放自己的记忆故事，将这些记忆以文本、音频、视频或者图像的形式上传到网络平台。门户网站上设置了各种主题的记忆资源征集入口。以"我记忆中的阿卡夫大厦"为例（图 5 - 4），网站提供了有关阿卡夫大厦的历史与过往的介绍，并鼓励公众回忆自己是否曾去阿卡夫大厦参观过，是否也有与之相关的记忆，以及在线分享自己与阿卡夫大厦之间的故事。此外，项目在新加坡的公共场所，如图书馆、商场、公园，开展了大量的各种主题的外展与推广活动，如"向我们的先驱的一代""让我们举起手来""新加坡的故事：我的心，我的希望，我的家"等。在整个项目开发中，组织了 30 多个"记忆活动"，目的是"挖掘新加坡的过去"，促使公众分享他们的个人故事、记忆、想法和价值观。通过这种方式，越来越多的社会公众从档案资源的利用者转变成为档案资源的建设者。同时，项目通过各种社交媒体，例如，推特或脸书网推广和宣传这些活动，有效连接线下与线上，积极鼓励网民访问新加坡记忆门户。社交媒体上的交互分享使 SMP 在民众中的知名度越来越大。通过这些方式，SMP 获得了社会公众的广泛关观，吸引了众多民众参与项目资源建设，搜集了大量反映民众日常生活状态的记忆材料。从 2011 年 8 月项目正式启动至今，该网站上的由公众添加的记忆数量已达 1095204 条，而且这一数量仍在逐天增长。这些记忆资源包括历史事件的回忆录，当代重大事件的文献记录，以及与个人、地域和活动有关但能引起大众共鸣的私人记忆。对于保存国家历史和提供了解国家文化，告诉世界一个真实的"新加坡故事"有着重要的意义。另外，公众还可以以各种角色提供不同的志愿服务来参与记忆项目。"志愿者的类型有项目导师、研究作家、资料员、翻译誊写等，志愿者必须协助项目组完成口述历史的访谈、记录、摄影、录音、文件整理、写作等工作，同时帮助一些数字化有困难的老者完成口述历史的记录、录音、数字化等系列工作。"① 例如，自 2012 年以来，新加坡口述历史中心就开始招募义务访员协助其开展采访工作。他们一般都是所在领域的专家或知识渊博的学者，能帮助口述历史中心填补收集工作的缺口。②

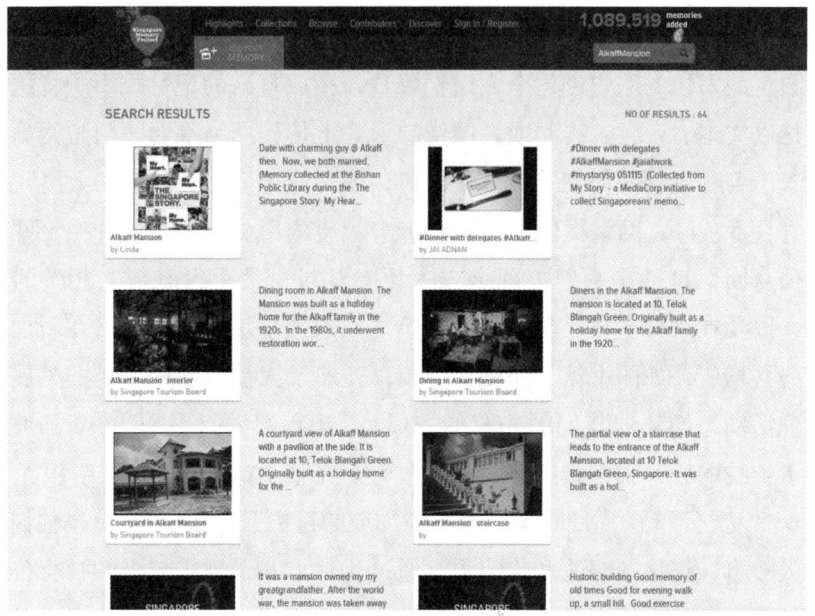

图 5 - 4　SMP 门户网站上"我记忆中的阿卡夫大厦"记忆征集入口

SMP 是全民书写记忆，构建大众记忆的经典实践，吸引各行各业有着相似经历的人共享他们的记忆，真正实现了全民参与构建记忆。"全民参与、大众共建"的建设理念与思路，对于其他国家开展数字资源建设极富启发意义。

5.2.4　纽约皇后记忆项目

5.2.4.1　项目介绍

纽约皇后记忆项目（Queens Memory Project，QMP）是由纽约市皇

---

① 颜运梅. 用户参与"城市记忆工程"建设探析[J]. 图书馆界,2014(4):78-81.
② 蔡志远. 新加坡口述历史中心[J]. 图书馆,2015(12):6-9.

后区公共图书馆（Queens Borough Public Library）及纽约市立大学皇后学院（CUNY）合作开展的永久性计划。该项目在 2010 年由皇后学院图书馆与信息研究学院在读学生娜塔莉·米尔布洛特（Natalie Milbrodt）作为一项独立研究而提出，后经各方合作逐渐扩大了影响力。QMP 旨在收集纽约皇后区的个人历史、图像和其他生活的记录，帮助捕捉记录皇后区的历史，保护社区共同的文化遗产。所得材料经数字化后永久保存于皇后区图书馆数字档案网站平台（Http：//www. DigitalArchives. QueensLibrary. org），项目团队与志愿者将材料以专辑的形式发布于皇后记忆项目官方网站（Http：//www. QueensMemory. org），用户可通过直接浏览查看内容，也可注册为会员上传分享资源。项目自 2013 年起举办了超过 130 项记忆活动，整理了来自 23 个国家各个年龄段皇后区居民的 300 多份口述历史，收集了来自 50 多个关于皇后社区的图像和故事。

QMP 官方网站由五个一级类目组成（图 5 - 5），包括主页（Home）、画集（Gallery）、参与（Participate）、指导（Teach）及相关内容（About）。主页一栏主要构成为特色专辑及最新活动项目的简要介绍模块，用户可通过点击内容标题查看完整内容，也可通过搜索框查询指定内容；画集一栏为用户提供分享皇后记忆的图像及音频集合，可自己创建新的照片专辑，或者查询搜索指定的合集。参与模块为不同的用户提供不同的参与方式，用户可作为内容上传者或分享者，也可以申请志愿者及社区采访者，或者作为记忆内容材料的捐赠者。指导一栏提供了以往的口述历史记录指南及项目案例，用户可参考这些案例指导资料，在自己的课堂或社区建立一个记忆项目。相关内容一栏主要组成为新闻报道、技术支持、合作伙伴及联系方式。其中，技术支持一栏内容包括项目团队开发及参考采纳的资源，用于创建维护协作数字档案，包括"参与者的表格""元数据映射表（Metadata Crosswalk）""皇后记忆编目指南"及"口述历史访谈的时间码概要"。

QMP 同时也开通了推特（@ QueensMemory）及脸书（@ Queens-Memory）官方账号平台，分享项目图片专辑或活动主题介绍等内容，与用户直接互动。此外，QMP 开发了手机客户端的应用软件（App）。用户不仅可以通过网页分享自己的图片和故事，还可通过下载 iOS 或

Android设备的"Queens Memory"程序作为上传工具，具体操作可根据软件指示进行，清晰明确。

图 5-5　QMP 官方网站主页

5.2.4.2　项目启示

QMP 最大的特点在于其开放共享、多方合作、人本服务、标准规范的建设理念，十分注重吸收社会公众参与和资源共建，与时俱进，不断创新，这也是其能够获得持续发展的原因所在。

（1）开放共享。QMP 门户网站是一个完全开放的平台，每一位用户都可以作为游客点击浏览相关内容，也可以通过邮箱注册或者皇后区图书馆的数字图书馆账户登陆为会员用户，编辑上传属于自己的"皇后区记忆"并以图像、音视频等形式分享。QMP 同时也开通了脸书及推特官方账号，与用户进行线上互动及宣传更新活动项目。

（2）多方合作。QMP 合作伙伴覆盖范围很广，涉及大学各学科及教研中心、图书馆、社区、企业文化中心、各种理事会及相关故事及声音项目，包括纽约市立大学皇后学院图书情报研究系、圣约翰大学公共历史及图书馆和信息科学系、纽约市科技人才管道（NYC Tech Talent Pipeline，是纽约市小型企业服务部的行业合作伙伴，旨在支持纽约市科技行业的发展，为纽约的企业提供高质量的人才，直接与行业和学术合作伙伴合作。以下简称 TTP）、布鲁克林公共图书馆、花旗文化中心、浮动医院（The Floating Hospital）、皇后区历史协会、皇后区博物馆、大都会纽约图书馆理事会、30thAve. org、Sunnyside 及 Fiveboro 故事项目等，使 QMP 具有较高的社会影响力。同时，各个机构联动性较高，为资源共享及联动活动提供了条件。

（3）人本服务。QMP 根据用户需求及反馈，不断完善其官方网站作为服务平台的功能，为项目设有模块清晰的主页及类目层次明的其他栏目，条理有序，用户可根据自身需要层层挖掘，也可直接通过检索功能查询内容。在"指导（Teach）"网页中，项目团队提供了口述历史项目的相关案例及实习教学大纲供使用者学习参考，如 "Immigrant Oral Histories：Healing Traditions and Nostalgic Foods Project"（移民口述历史：传统疗法和怀旧食品项目）中提供的口述历史方法、深度访谈、非突破性方式和录音技巧等，不仅为亲身参加实践的本科生提供了独特的学习团队，也为参与类似项目的研究人员提供了方式方法参考。在"相关（About）"网页中，项目团队提供了详细的指导材料及各式表格，包括多种语言的参与者同意书、面试前调查及建议主题、社区活动工作流程指导、社区归档项目工具包、扫描仪使用说明及音视频编辑指南等，内容详尽全面，为用户提供清晰详细的指导，该栏目一方面使用户参与活动更加有条理，通过这些指南规范活动参与的每一份记录；另一方面用户可将反馈表格发送给官方联系渠道，以促进项目的改进与发展。QMP团队也经常为社区志愿者举办 1～3 小时的讲习班，有兴趣进行口头历史访谈，以便加入皇后记忆收藏。这种社区参与使人们能够为当地的历史做出贡献，提高公众参与积极性。

（4）标准规范。在"相关（About）"网页中同时提供了一份元数据映射表（Metadata Crosswalk）、皇后记忆编目指南及口试历史访谈的时间码概要，体现了 QMP 团队的专业性。元数据映射表规定用户准确使用相同字段创建记录，统一元数据记录类型；皇后记忆编目指南提供了创建和操作记录的详细说明，目的在于为 QMP 编目人员提供创建新纪录所遵循的规则，以确保整个目录的一致性。这两份材料规范有利于皇后区记忆数据库的建立，有利于皇后区图书馆等机构长期保存这些记录并为其著录，也有利于用户的检索查询及使用。口述历史访谈的时间码概要认为每份口述历史记录均为重要的历史性记录，并需要一个创造时间码构架而非简单的采访转录，该概要中总结了时间码构架对应的"in 点"（in points），也就是用户在浏览口述历史记录时，可通过使用时间码大纲及"in 点"跳转到面谈中感兴趣的部分，节约浏览时间，提高浏览效率。QMP 团队在不断改善网站的同时，来自 TTP 的专业人员也开发了名为"Queens Memory"的手机客户端应用程序，用户可以通过 Google Play 或 Apple Store 搜索下载该应用程序，通过便携设备即可将手中的个人资源发送到皇后区记忆平台；图书馆相关工作人员将对这些资源进行审核，包括图像、音频质量，版权及其他因素的材料，并将反馈发送给上传者，所有可能的记忆贡献者都将收到其提交内容是否被接受发布的通知。如果获得批准，材料将发布在皇后区图书馆数字档案网站平台（Http：//www. DigitalArichives. QueensLibrary. org）上，同时用户可将这些材料整理成专辑发布于皇后记忆网站平台；这种参与方式使皇后区的历史记录更趋多样化和民主化，同时电脑及手机两种不同设备拓展了用户上传资源的渠道，体现了 QMP 团队重视创新的理念。

5.3　数字档案资源建设的理念

当下，为了适应新环境、新需求，传统档案馆面临着实现数字化转型的重大课题。正如中国人民大学冯惠玲教授在山东大学历史文化学院长风讲坛暨第一期兰台论坛所做的"数字记忆与档案资源开发"学术讲座上所言："在数字转型过程中，技术的转变是最快的，制度的转型次之，而更新最为缓慢的莫过于人们的观念。"新形势呼唤新理念，新理念引领新发展。在技术环境与用户需求发生深刻变化的新形势下，迫切需要国家综合档案馆突破传统的观念与思维方式，以全新的理念推进数字档案资源建设，不断提升数字档案资源服务质量水平。

5.3.1　竞争理念

档案馆与图书馆、博物馆等公共文化机构的收藏范围有一定交叉，因而在资源建设上存在天然的竞争关系。例如，一位名人的手稿，既可以作为档案保存在档案馆，同时又是图书馆与博物馆的收藏对象；某种地方古籍文献，既属于图书馆与博物馆的收藏范围，也可以纳入档案馆的馆藏。但长期以来，三者的藏品都有相对固定的来源渠道和稳定的机制，彼此之间的竞争关系表现得并不十分明显。而在数字时代，这种竞争性大大凸显。"在大数据环境下，信息资源已经成为最富活力、最有价值的资源类型，社会各行业、各机构在信息资源上的竞争已经全面展开，谁拥有的信息资源数量最大、质量最高，谁就将在所在的行业、甚至整个社会拥有更多的话语权、规则制定权，进而占据的竞争的主动权。"① 对于信息服务机构而言，可以这样说，其所拥有的信息资源是影响机构关注度、影响力、服务力与竞争力的重要因素。"为了满足用户的信息需求，吸引尽可能多的用户，提升信息机构的社会地位，获得社会广泛认同和良好信誉，信息机构之间的竞争是不可避免的。"②

　　数字档案馆与数字图书馆、数字博物馆等在资源生态位的激烈竞争主要表现在两个方面。首先，基于数字信息的易复制性与易扩散性，随着国家信息政策的调整、政府信息（数据）公开的推进，以及公共信息资源开发利用的市场化运作，国家综合档案馆对公共部门原生信息的垄断性收集渠道受到了冲击，大量机关、企事业单位所产生的信息将以各种方式流入公共空间，进而成为数字图书馆、商业性信息服务机构等社会信息生态系统中其他信息部门的资源。例如，国内部分政府文件在进入档案部门之前就已经通过政府门户网站予以公开，其信息被图书馆等机构所获取并进行整合与组织，以政府文献专题数据库的形式或通过"中国政府公开信息整合服务"平台提供给公众。其次，随着信息和通信技术的迅猛发展与广泛应用以及移动互联网时代的到来，信息的产生与传播变得越来越便利，各种内容与形式的数字信息在网络空间上大量生成与快速流动，由此构成了一个广袤的数字世界。"以比特形式构建的数字网络已经形成了一个类似于科幻世界的虚拟社会，成为面向芸芸众生的崭新的社会形态。"③ 在这一巨大的虚拟空间里，存在大量有特殊

---

① 王艳明,李觅. 数字档案馆竞争性生态及其资源建设策略[J]. 中国档案,2016(4):72-74.

② 金波. 数字档案馆生态系统研究[M].北京:学习出版社,2014:105.

③ 赵屹. 数字时代的文件与档案管理[M].上海:世界图书出版公司,2014:10.

服务质量导向型数字档案资源建设模式研究

价值的新资源,例如,机构门户网站上的网页,各种社交媒体上的照片、音频、视频与文本等。出于各种不同的保存目的,这些宝贵的数字信息成了各类机构争夺的对象。最后,档案馆与图书馆、博物馆等机构在保存社会记忆,传承历史文化这一功能上具有共同性。在当前社会转型加速与着力推进文化建设的大背景下,三者都在努力拓宽业务领域与提升服务能力,通过先进的技术手段,主动采集与保存记忆资源与文化资源。"根据现行规则,每一个档案机构实体资源收藏范围是基本确定的,而数字资源则没有明确的边界,很大程度上是谁建设谁拥有。"[1] 因而,在数字记忆资源与文化资源的建设上,不同的文化服务机构之间的竞争非常激烈。自20世纪末以来,国内许多图书馆、高校、研究机构和社会组织就开始关注口述史和影音资料,并纷纷开展各种主题的口述史和影音资料等记忆资源的采集。2012年,国家图书馆开始实施中国记忆项目(http://www.nlc.gov.cn/cmptest),该项目以传统文化遗产、现当代重大事件、各领域重要人物为专题,以传统文献体系为依托,系统性、抢救性地进行口述史料、影音资料等新型文献建设,并最终形成记忆资源体系。目前,该项目已先后开展了20多个专题的资源建设,积累了超过1000小时的口述史料和影音文献,并通过出版物、展览、讲座、专题片和体验活动等多种形式面向公众进行了资源推广。相比之下,档案部门在这一领域表现得不够积极,丧失了一个拓展服务领域与提升行业影响力的宝贵机遇。

因此,在数字档案资源建设中,国家综合档案馆要转变传统的被动接收、按部就班的资源建设思路,突破原有收集范围的局限,树立强烈的竞争意识,先入为主,主动采集"潜在资源",积极争抢"无主资源"。

5.3.2 开放理念

我国国家治理模式的转型给国家综合档案馆带来了深刻的影响。"纵观过去30年,尤其是最近十余年,我国档案事业正经历着从'国家

---

① 冯惠玲.档案记忆观、资源观与"中国记忆"数字资源建设[J].档案学通讯,2012(3):4-8.

模式'向'社会模式'过渡的巨大变革。"① 这一变革是伴随着"社会档案观"的形成与发展而发生的。"社会档案观"是相对于"国家档案观"而言的，主要强调"国家综合档案馆馆藏资源不应局限于党政机关或事业单位的记录，而应兼顾社会、国家、家庭、个人四个层次，必须关注民生、关注网络、关注社会大众"②；国家综合档案馆是具有公益性、服务性、开放性的公共文化事业机构，贴近公众、服务社会是应有之义。正如加拿大档案学者特里·库克所言："本世纪档案论述的主题是什么？最引人注目的要属根据国家档案概念建立起来的以司法—行政管理为基础的档案工作向建立在更广泛的公共政策和利用基础上的社会—文化档案概念的变化。"③ 在这些理论与理念的影响下，我国各级国家综合档案馆正在逐步向公共性档案馆演进，在资源建设、对外服务与内部治理等方面，都呈现出不断从封闭走向开放的新动向。此外，"社会信息化、信息网络化的过程改变着社会组织结构以及不同社会角色之间的关系，每一行业、每一个体都被越来越紧密地编织进关联复杂的社会网络，在互联互动中生存、发展并确定自身的新位置"④。在数字时代，档案馆面临诸多全新而复杂的问题。不同于传统的档案资源建设，数字档案资源建设对档案馆的财力、人力与智力等各方面的条件提出了更高的要求。单凭档案馆自身的力量不足以应对数字档案资源建设这一新课题的挑战，因而迫切需要档案馆改变"内向"性格，树立开放理念，尝试社会化运作与合作，充分借助外力应对资源建设中不断出现的新问题。因此，国家综合档案馆应该转变封闭保守的观念，以开放包容的胸怀和与时俱进的姿态推进数字档案资源建设，从而成为传统载体档案数字副本、原生性电子档案，以及反映社会生活方方面面的网络信息、口述史料、影音资料等新型数字资源永久保管的基地，并且对这些宝贵资源进行组织加工和提供利用服务。

---

① 张斌，徐拥军. 档案事业：从"国家模式"到"社会模式"[J]. 中国档案，2008(9)：8 – 10.

② 蒋冠. 国家综合档案馆馆藏资源建设探析[J]. 档案学研究，2011(5)：37 – 41.

③ 特里·库克. 1898 年荷兰手册出版以来档案理论与实践的相互影响[R]//第十三届国际档案大会文件报告集. 北京：中国档案出版社，1997：143 – 176.

④ 冯惠玲. 开放：公共档案馆的发展之路[J]. 档案学通讯，2003(4)：10 – 13.

具体而言，奉行开放理念包括以下两个方面的内容：第一，国家综合档案馆开展数字档案资源建设，要敞开门，走出去，面向社会，面向公众，建立新的数字档案资源采集机制。《全国图书馆界共同开展记忆资源抢救与建设倡议书》中提到："我们不仅要敞开大门，更要走出大门，主动去采访、去收集大量的散落在民间的、在学者手中的、在不同机构当中的记忆资源；我们要面对大众，不仅为他们提供记忆的服务，更要服务于他们的记忆。"① 这一倡议正是资源建设开放理念的重要体现，也值得档案部门在数字档案资源建设中予以借鉴。第二，国家综合档案馆开展数字档案资源建设，要改变单打独斗的建设模式，积极引入公众参与机制，与其他社会主体开展合作。"一个封闭的运行系统难以形成一种自适应机制来应对外部环境多样的变化；而一个开放的运行系统则可以通过利用外部资源补强自己，以及构建与社会公众的交流机制来适应复杂的环境。"② 在这样一个竞争激烈的时代，充分利用外部资源是做大做强的重要策略。因此，国家综合档案馆要善于通过各种方式与其他各类社会组织、社会公众建立合作关系，广泛吸收社会力量参与数字档案资源建设，并以开放性的姿态吸引外部资源，从而实现共建共赢。

5.3.3 亲民理念

打造公共档案馆，亲近民众、服务民众是 18 世纪法国资产阶级大革命以来，世界主流的国家档案馆、城市档案馆高扬起的旗帜。"只不过档案馆亲近民众、服务民众是富有时代性的、是动态的，要随着社会发展而不断丰富和变化。"③ 随着社会力量的发育，国家治理理念与模式也开始发生转变。"以人为本"成为党的重要执政理念，国家开始体现出对个人权利予以深层关照的倾向，切实保障和维护公众的权利也成为政府部门的宗旨与目标。基于这一背景，国家综合档案馆的职能也开始发生转变，其不再仅仅是政治辅助的工具，为社会公众服务、主张社会

---

① 全国图书馆共同开展记忆资源抢救与建设倡仪书[J].国家图书馆学刊,2016(1):110 – 110.
② 丁宁. 参与治理：档案馆公共文化服务运行模式的创新[J].档案学研究,2016(5):81 – 85.
③ 姜之茂. 让档案馆离民众近些近些再近些[J].档案学通讯,2004(4):14 – 17.

公众的权益成了它的一项重要使命。国家综合档案馆不断从相对封闭的
状态走向开放，逐步与广大民众建立了直接的联系。这一转变最初主要
体现在扩大档案的开放范围、拓展档案服务内容与优化服务方式上，其
后又慢慢延伸到吸收公众参与档案馆治理与加强公众权益档案进馆等方
面。因此，国家综合档案馆在数字档案资源建设过程中，必须践行亲民
理念，特别注重将与公众政治权利、文化权利相关的数字档案资源纳入
馆藏。随着我国改革开放的深入推进和经济社会的快速发展，社会从国
家系统中分离出来，国民素质也不断得到提升，社会力量逐渐成长起
来，社会公众的权利意识开始觉醒，并提出了更为广泛的文化权利诉
求。基于实现自我塑造与全面发展而产生的精神需要是公众文化需求的
重要组成部分。主要表现在两个方面：一是"留痕"的主体意识逐步增
强，对个人历史的保存与传播也日益重视，并在此基础上产生记录个人
生活的自觉行为；二是身处急剧变化的社会环境之中，个体需要在建构
记忆的基础上形成根源感、身份感和文化认同。此外，社会生活的丰富
和公民受教育程度的提高，使人们身份认同的多元特征更加显著和深
化，个体角色感的增强引发了人们在不同维度上身份认知的敏感和综合
认知的自觉。[①] 个人在生活中所形成的各种文本记录，是书写个人历史、
寻找文化认同的重要载体与媒介。历史知识也可以在日常生活中产生传
播，这包括一系列亲切熟悉的文化形式，如信件、日记、族谱及各种历
史物件的收集和保存。[②] 因此，公众对于其个人生活中形成的记录的收
集、保存与利用的意识日益增强，各种通过收集与保存民间档案文献，
保护文化遗产，再现某一区域或群体的历史，实现文化认同构建的民间
组织也开始出现。从另一个角度来看，计算机与网络技术的发明与普遍
应用使人类记录与传播信息的方式发生了前所未有的变革。智能手机、
数码摄像机、数码相机、录音笔等设备越来越普及，尤其是智能手机，
功能完备，可以随手摄录与拍照，十分便捷高效，且成本低廉。人们可
以利用这些设备随时记录自己的生活，记录社会大事小情。由此产生了

---

① 冯惠玲. 当代身份认同中的档案价值[J]. 中国人民大学学报,2015(1):96 – 103.
② 李娜. 公众记忆与城市记忆工程:档案与公众史学[J]. 青海民族研究,2016,27(2):
1 – 5.

121

大量照片、录音与视频等数字信息。同时，在 Web 2.0 环境下，人们利用社交媒体彼此分享意见、见解、经验和观点，产生了大量的用户原创内容。特别是在博客、微博、微信等自媒体平台上，公众的所见所闻所感得以分享与传播。历史发生于生活世界，存在于文本世界，文本世界通过文字、图像、声音来反映人类的生活轨迹。① 这些个人应用现代信息技术所产生的数字信息，无论对于个人还是整个社会来说，都是一种宝贵的历史与记忆资源，引起了多方关注。因此，随着社会力量的崛起与壮大，体制外档案资源数量日益增长和内容的日益丰富。国家综合档案馆只有突破体制内机构的单一收集渠道，扎根于社会的广阔天地之中，广泛吸收社会档案资源，构建亲近民众、贴近民众的馆藏，才能够获得社会公众更高的认可度，焕发出更大的生机和活力。

具体而言，综合档案馆在数字档案资源建设中的亲民理念，表现为三个方面：第一，注重民生档案资源的收集。2007 年 12 月，国家档案局印发《关于加强民生档案工作的意见》，2008 年，时任国家档案局局长杨冬权提出要建立覆盖人民群众的档案资源体系和档案利用体系，2011 年，国家档案局颁布《国家基本专业档案目录（第二批）》，将民生档案纳入其中，民生档案成为国家档案资源的重要组成部分。发挥社会服务功能是新时期社会发展所赋予国家综合档案馆的新使命，收集与保存公共机构在处理公共事务的过程中形成的涉及民众权益的档案（民生档案），是国家综合档案馆的重要职责。随着电子政务建设的深入推进，"互联网＋政务"新业态的形成，越来越多涉及民生的专业档案将在政务系统中以数据的形式产生，国家综合档案馆可以在信息化的条件下，利用电子档案易于复制和传输以及非排他性的特点，突破原有相对狭窄的收集范围，探索和重新构建业务档案的收集模式，尽可能地将政府部门所产生的关系民生的数据或电子文件接收进馆或者予以整合。第二，注重民间档案资源的收集。当前，我国各级国家综合档案馆的馆藏档案主要是政府机构、企事业单位形成的档案。相对于这些"官方"档案而言，还存在数量庞大、种类繁多但散存于社会中的民间档案。民间

---

① 户华为. 人人都是历史的参与者——关于中国公众史学的对话［N］,2016 – 4 – 20(14).

档案产生于民间，反映底层社会的政治、经济、文化状况与普通民众的日常生活、家庭关系与个人境遇等细节性内容，其中有很多具有极高的历史文化价值与研究价值，是不容忽视的"国宝"①。当前，民间档案成为了图书馆、公私研究机构、个人等多方争抢的对象，由于受观念、体制与经费多方面因素的制约，各级国家综合档案馆虽然也开展了档案征集业务，但成效并不显著。在数字档案资源建设中，民间档案是建设特色档案资源数据库的重要原料，也是增加数字馆藏"卖点"，吸引公众目光的重要资源，值得档案部门高度重视与关注，并且通过协助抢救、依法收购、合作开发等多种手段，积极争抢这块香甜的"蛋糕"。第三，注重"民建"档案资源的收集。当今时代，信息的生成变得十分便捷，个人在日常生活中，通过手机、摄像机、照相机等设备随手摄录，产生了大量的数字照片、录音与视频。这些数字记录反映了普通公众的生活细节，是社会的"微历史"，有一定的保存价值。"在这个时代，公民拥有新的力量和新的声音，他们借助各种令人兴奋并具有潜在档案性的新数字社会媒体，留下了人类生活和人类生存意义的足迹，几乎每个人都在建立自己数字档案。"② 档案馆可以通过网站、移动 App 等途径，以在线互动的形式，大量收集这些由民众生成的数字记录，从而丰富数字馆藏。

5.3.4　拓展理念

受信息化大潮的影响，社会各行各业都面临着全所未有的冲击。"在技术超速发展变化、社会发生巨大转型的今天，档案界迫切需要做出理念上与实践上的调整。我们需要想方设法把自我满足的封闭的档案界转变成与当代社会同步、对社会有益、并具有活力的档案界，否则的话，我们就会在数字时代变成毫无用处的化石。"③ 没有任何一个时代像今天一样，档案事业面临着如此巨大的挑战；也没有任何一个时代像今天一样，档案事业面临着如此巨大的机遇。固守传统的观念与做法，只会

---

① 王沛郁. 民间档案——不容忽视的国宝[N]. 人民政协报，2007 – 11 – 19（B03）.
② 特里·库克. 四个范式：欧洲档案学的观念和战略的变化——1840 年以来西方档案观念与战略的变化[J]. 李音，译. 档案学研究，2011（3）：81 – 87.
③ 同②。

使档案工作面临被弱化、被整合甚至被取代的命运，拓展是数字时代档案部门谋求生存与发展的第一要义。因此，档案概念、档案实践、档案机构及档案职业，都需要紧密关注技术环境与社会需求的变化，积极寻找档案工作在国家宏观政策与发展框架中的切入点，在拓展的基础上实现转型，档案事业才能在数字时代繁荣兴旺。当前，为了紧跟潮流，档案部门正在不断改变形象和面貌，在信息时代巩固其特有的社会地位并寻求新的生长点。很多国家的档案馆正在努力拓展自身的功能，在资源建设、管理与服务方式上尝试实现数字转型，逐渐越过了传统的边界，很多跨文化、高科技、面向社会的"非传统"业务正在澎湃成长和活跃发展。

人们对档案这一事物的认识，总是伴随着社会环境的变化发展而不断演化的。从人们开始关注档案现象并将其作为研究对象开始，档案概念的外延呈现出一个拓展的过程。脱胎于纸质时代的传统档案定义已经不能胜任指导数字时代档案工作实践发展的重任。档案是需要作为证明、反映或说明与其生成过程相关联的事实而留存备用的记录（符号记录）。基于对数字时代的档案的重新定义，在数字资源建设上具体呈现出两种拓展的趋势：第一，资源外延范围拓展。上述定义实际上是一种后保管主义的观点，也是档案多元论的直接体现。从主体的视角揭示档案的本质属性，使档案的形成带有强烈的主观性。按照这一定义，凡是基于保存凭证（证据）的需要，个人、组织（或群体）有意识地留存备用的记录，不论其具体形态如何，都属于档案的范畴。这一定义与数字世界的记录生成主体与方式的多样性以及信息内容的丰富性特点十分契合。基于这一定义，不同于传统的观念与认识，数字档案资源的边界与范围大大拓展。人类的社会记忆正是通过档案馆、图书馆和博物馆得以保存的，它们共同构成了人类到今天为止全部社会与文化信息的存贮器和仓库。"群体记忆构成了人类文明延续和进一步发展的基础，而档案馆、图书馆和博物馆正是这种记忆信息的贮存、管理和传播的制度化体现。"①国家综合档案馆具有重要的文化功能，通过对档案的收集、保存与提供利用，使社会文明与群体记忆得以延续。"档案资源应该尽可能全面地

---

① 严建强. 关于社会记忆与人类文明的断想[J]. 浙江档案,1999(3):24.

反映社会面貌，因而不可避免地走向领域拓展。"① 在数字时代，为了获得更多的历史档案、文化遗产与记忆资源，国家综合档案馆应拓展馆藏资源的收集范围并使自身的收集政策反映档案形成与提供利用的多媒体性质，树立"大档案观"与"大收藏观"。除了传统载体档案数字副本之外，一切存在于线上线下具有历史文化价值与记忆价值的网页、邮件、博客、微博、图片、影视等数字信息，以及档案馆主动制作生成的数字信息，都在数字档案馆的收藏范围之列，具有多来源、多类型、多形态等特点。第二，资源建设方式拓展。按照上述定义，档案的形成具有能动性的特征：主体并非只能被动地保存在其活动过动中留下的原始记录，可以有意识地、主动地创建或收集各种不同形式的记录。这一认识为档案部门拓展资源建设方式，提供了直接的理论支持。在数字环境下，资源建设的方式变得更加灵活多样，与传统的建设方式相比发生了根本性的变革。"档案工作者应该不仅是档案的被动接受者，还应当在档案形成过程中扮演积极角色。"② 档案部门不必局限于被动接收个人与机构所形成的记录，而可以基于特定的目的，主动生成与采集数字档案资源。此外，国外最新兴起的档案多元论也为改变传统纸质工作环境下档案部门以末端被动的中立方式采用证据和记忆留存的思维方式和工作习惯，倡导在互联网新媒体工作环境下档案部门以前端和全程主动参与证据和记忆的形成、留存和提供可持续再用提供了理论依据。③ 当前，国内外档案馆所开展的以"记忆"为主题的方言建档、网络信息存档、非物质文化遗产建档、口述历史数据库建设与各种不同形式的建设项目，都是这一新的资源建设方式的具体体现。而且，数字记录方式可以为更准确、更全面、更完整地记录社会实践活动与人类文化遗产提供技术支撑。可以预见，伴随着技术的进步与社会的发展，这种拓展与转型还将继续，并且有望将档案馆带入一个更加广阔的天地。

---

① 冯惠玲. 档案记忆观、资源观与"中国记忆"数字资源建设[J]. 档案学通讯,2012(3)：4 - 8.

② 毕观华. 关于档案宣传的几点看法[N]. 中国档案报,2011 - 07 - 14(003).

③ 安小米,郝春红. 国外档案多元论研究及其启示[J]. 北京档案,2014(11):16 - 22.

5.3.5　创新理念

当今时代，整个人类社会都在经受信息化潮流的洗礼。信息技术的广泛应用使人们的思想观念与生产和生活方式大为改观，让人无时无刻不强烈地感觉到：一切都在变化，而且变化的速度越来越快，新事物、新理念、新思想、新实践不断涌现。基于快速变化发展的环境，不论何种行业，如果缺乏创新理念与思维，就无法跟上时代发展的步伐，最终被极度边缘化甚至被淘汰。对于档案馆而言，数字时代带来的首要冲击就在于管理对象形态的变化：从传统的纸张、胶片、录音带、录像带等转变为以用二进制代码所表示的数字信息及其载体。正是这一变化，对传统的档案管理理论与实践产生了巨大的冲击。面对不断发展进步的技术，围绕新的管理对象，档案馆在资源收集、保存、管理与开发利用等各个业务环节上都必须不断创新，从而构建适应新管理对象的业务体系。此外，"在信息化环境下，网络从全球媒体发展为全球社会，人们对信息的获取与利用有了新的期待与要求"①。新的用户群体与新的用户需求，对档案馆不断创新服务模式，提升服务水平施加了巨大的外部压力，形成了强烈的倒逼效应。但不容否认，从另一个角度来讲，信息技术的应用也为档案馆在各个方面开展创新实践，提供了支撑性的条件。

就数字档案资源建设而言，国家综合档案馆主要应着眼于以下两个方面的创新：第一，资源收集机制创新。在传统载体档案资源建设上，国家综合档案馆的收集范围固定，收集渠道单一，收集方式有限。而如前所述，在数字档案资源中，资源范围与来源大大拓宽，收集方式多种多样，这就给国家综合档案馆在资源收集机制的优化上提供了较大的创新余地。例如，国家综合档案馆可以参与社群档案的建设，为社会弱势群体建档，关注口述史，关注非主流，也可以通过多方合作的方式将部分体制外数字档案资源纳入馆藏范围。第二，资源呈现形式创新。数字档案资源具有格式多样，易于加工处理和传输等特点。相比传统载体档案而言，依赖于现代信息处理技术，数字档案资源有着更多的呈现形式

---

① 赵屹.数字时代的文件与档案管理[M].上海:世界图书出版公司,2014:3.

与传播渠道，可以以更生动、更有趣、更便捷与更吸引人们注意力的方式呈现给用户。在这一领域，需要集成心理学、营销学等多门学科，融合科技、历史与艺术等多个视角，是一个无限的创新空间。在数字时代，人们希望通过档案馆、博物馆等文化服务机构寻求体验和娱乐的需求大大超过了对信息的需求。国家综合档案馆应重视用户心理与用户需求的分析研究，充分利用先进的信息技术，广泛开展社会合作，吸收众智，不断创新资源的呈现形式，使数字档案资源以更易于、乐于接受的形式提供给用户，从而提升利用者的用户体验。

5.4　数字档案资源建设的策略

当前，我国各级国家综合档案馆都在推进数字档案馆建设，在馆藏传统载体档案数字化、档案网站建设等方面都取得了一定的成效。但不可否认，现阶段我国国家综合档案馆数字档案资源建设仍处于低水平阶段，具有粗放式建设的特征，主要着眼于实现数字档案资源数量与规模的增长，忽视数字档案资源服务质量的提升，因而存在诸多局限。由此造成了当前我国数字档案资源利用率不高，社会关注度较低，资源建设外生性动力不足等一系列问题。因此，基于提升服务质量的导向，国家综合档案馆需要探索与尝试数字档案资源建设的新策略。

5.4.1　引入公众参与

严格意义上的公众参与是指通过选举、公示、听取意见、咨询、听证等方式吸收公众参与立法、公共政策制定与公共治理等不同层面的事务的过程。在数字档案资源建设中，引入公众参与主要是指通过一定的渠道与方式，提高数字档案资源建设活动的社会知晓度与关注度，引导社会普通公众自愿参与其中，为之贡献资源与力量。充分凝聚公众力量，让公众参与到数字档案资源建设的每一个环节中，并注重对这些民间力量的调动与吸纳，是提升数字档案资源建设水平与提高数字档案资源服务质量的重要途径。其具体内容包括以下两个方面。

（1）吸纳来自于社会公众的数字档案资源。一方面，可以在围绕某一主题或某一群体建档的项目中，直接吸纳社会公众参与数字档案资源的形成；另一方面，通过档案网站或社交媒体以按主题征集或自由上传的方式，鼓励社会公众在线分享或向档案馆提供个人产生和拥有的具有特殊价值的数字记录。使用户既是档案资源的利用者，又是档案资源的创建者。例如，英国"康沃尔郡记忆"项目就接收了大量的来自于公众的档案资源，一些专业或业余摄影师向档案馆捐赠了数量超过 3 万件的照片档案，而且这一数量仍在增长。①

（2）吸收社会公众参与数字档案资源建设的具体事务。档案馆可以通过多种方式动员大众参与到数字档案资源建设的各项工作环节之中，充分吸收大众智慧与社会资源，以弥补档案工作者知识能力和人力成本上的不足。①招募志愿者从事诸如访谈、记录、摄影、录音、修复、文件整理、写作等专业性工作。②通过互联网采用"众包"（Crowd Sourcing）模式解决不能借助自动化程序处理，而需要大量人力和智力成本投入的档案资源著录、转录、文字较对、内容识别、翻译与添加标签等事务。例如，美国国家档案馆在门户网站上推出"Citizen Archivist"专栏，吸纳公众参与到馆藏档案的添加标签、转录、整理视频字幕、内容编辑等多项工作中。② 英国"康沃尔郡记忆"项目于 2012 年启动，致力于实现馆藏中记录公众生活的照片、音频与视频档案在线提供利用，截至当前，已经有数千名志愿者加入了该项目。③ ③利用社交媒体的交互功能鼓励用户在线对档案资源进行评论或添加说明、标签等。例如，英国泰恩－威尔郡档案馆和博物馆使用网络相簿 Flickr Commons，借此展示世界各地公开照片资料库中的宝藏，用户可以输入内容并通过分享帮助这些珍藏照片变得更加丰富多彩，同时用户可以在网上上传资料，并对他人免费开放特定空间。④

促进数字档案资源建设公众参与的措施主要有：第一，对数字档案

---

① 黄霄羽国外档案新闻工作室. 国外档案新闻集萃[J]. 中国档案,2016(1):78 – 79.

② Citizen Archivist Dashboard [EB/OL]. [2016 – 12 – 12]. http://www. archives. gov/citizen – archivist.

③ 同①。

④ 伊恩·沃森. 数字世界里的记忆探秘——英国泰恩－威尔郡档案馆和博物馆的数字化经验[N]. 中国档案报,2015 – 12 – 21(003).

资源建设项目进行全媒体、立体化宣传。档案部门要围绕特定的数字档案资源建设项目策划各种形式的活动，充分利用报纸、电视、网站与社交媒体等各种媒介渠道，对数字档案资源建设项目进行广泛宣传，使之得到社会公众的广泛关注。这是实现数字档案资源建设公众参与的重要前提条件。第二，实现与社会公众"线上 + 线下"的交流互动。一方面，充分利用网站与社交媒体开展在线互动与交流，例如，在档案网站或社交媒体上"发包"和发布志愿者项目招募信息，邀请和动员具有相关知识背景和兴趣的公众参与数字档案资源建设的具体工作；允许用户对数字档案资源在各种不同的社交媒体上进行分享、评论、讨论与添加标签等；在网络上发起共同撰写城市历史、个人记忆等大众参与性活动，引导公众上传个人档案资源；在网站上或在档案馆 App 上设置"我要参与""我有史料""我要捐赠"等栏目或主题，在线征集社会档案资源。另一方面，开展各种形式的外展活动，增强社会公众与档案馆的联系，促进数字档案资源建设的公众参与。

5.4.2　开展跨界合作

"跨界"这一表达源于对英文"Crossover"的翻译，核心涵义是指分属于不同领域、不同行业、不同文化、不同时空、不同意识形态而原本毫不相干的事物之间因交叉与碰撞而发生某种关联。例如，"跨界设计""跨界营销""跨界合作"等。其中，"跨界合作"一词是当前国际流行的词语，指的是两个不同领域之间的合作。对于国家综合档案馆而言，一方面，数字档案资源建设是一项全新的课题，单凭其自身的力量与条件很难完成这样一项极具挑战性的工作；另一方面，由于传统收集渠道相对单一，收集范围比较狭窄，档案馆也需要从社会上吸纳大量的档案资源作为补充，因而需要突破原有的封闭思维与单打独斗的工作模式，跨界寻求广泛的合作，以求借助于外部力量，达成建设目标。单纯依靠档案部门自身的力量而忽略社会力量的作用，数字档案资源建设将步履维艰。当前，国内外数字资源建设的成功实践，无不是多主体共同参与的结果。然而，合作从来都不是一厢情愿的行为，实现双赢是开展合作的基本前提与重要保障。不同的合作对象都是基于一定的动机与目的而参与数字档案资源建设。正是因为其能够在此过程中与国家综合档案馆找到某种利益共同点，才能够促成相互之间的合作。

根据合作对象参与合作的不同动机与原因，可以将数字档案资源建设的跨界合作行为归结为以下三种模式。

（1）基于资源分享的合作模式。某些机构或组织因为需要分享档案机构所拥有的技术、设备、档案信息等资源，而将自身所形成或保存的档案资源作为交换，从而成为档案机构开展数字档案资源建设的合作对象。具体可以分为两种不同的情况：第一，通过分享技术、设备而建立合作关系。第二，通过分享档案信息资源而建立合作关系。例如，为了促进更多的馆藏实现免费在线利用，2006 年，美国国家档案馆与 Google公司开展作合，联合推动历史影片数字化和在线访问试点项目（Pilot Project to Digitize and Offer Historic Films Online），研究者与普通公众可以通过国家档案馆网站（www. archives. gov）和 Google 视频网站（www. video. google. com/nara. html）获取丰富的数字化历史影片、纪录片与其他电影。①

（2）基于业务拓展的合作模式。某些机构或组织因为自身业务拓展的需要而与档案机构建立合作关系，为档案机构提供产品与服务。具体情况有二：第一，与营利性机构建立合作关系。包括相关企业向档案机构提供或开发硬件设施或软件产品，或承接档案机构的档案整理、数字化等外包业务。第二，与非营利机构建立合作关系。档案机构与高校、公共部门、研究中心等非营利机构以及私人部门合作，寻求外部智力支持。例如，早在 2005 年，加拿大国家图书档案馆就与其他图书馆、公共机构、非营利组织和私人部门合作进行资源数字化；浙江省与天津市的方言语音建档项目中都有当地高校研究人员的参与。

（3）基于目标趋同的合作模式。某些机构或组织因为与档案机构开展的某些数字档案资源建设项目具有共同的价值取向与工作目标，从而与档案机构建立合作关系。具体可分为两种情况：第一，与学术团体、

---

① National Archives and Google Launch Pilot Project to Digitize and Offer Historic Films Online. [EB/OL]. [2016 - 12 - 24]. http://www. archives. gov/press/press - releases/2006/nr06 - 64. html.

研究机构、遗产机构、民间组织的合作。档案机构通过协同开发、经费支持、采购等方式与某些致力于某一领域档案资源建设或某一群体记忆建构的机构或组织建立合作关系，直接从其获得档案资源或获得在档案机构网站或内部服务终端设置联机检索或在线访问其数字档案资源的入口的权限，彼此共建数字档案资源空间。例如，美国"9·11"数字档案馆项目（http：//911digitalarchive.org）最初由阿尔弗雷德斯隆基金会（Alfred P. Sloan Foundation）资助启动，美国纽约城市大学研究生中心的社会历史项目（the American Social History Project at the City University of New York Graduate Center）和乔治梅森大学的历史和新媒体中心（the Roy Rosenzweig Center for History and New Media at George Mason University）共同组织建设。2003 年 9 月，美国国会图书馆通过采购的方式，将该数字档案馆的资源纳入其收藏。第二，与社会公益组织的合作。部分慈善基金会、志愿者协会等组织基于促进公益事业发展的使命与目的，为档案机构开展数字档案资源建设提供支持。例如，2013 年，加拿大国家图书档案馆和非营利性慈善组织 Canadiana. org 开展合作，推动加拿大文献遗产数字化实现。加拿大国家图书档案馆与 Canadiana. org 签订的 10 年期合作协议涵盖数以百万计的个人、企业和政府文件，以及战争日记、照片等的数字化与相关索引建设。① 此外，2016 年，加拿大国家文献遗产数字化战略（NHDS）获得了专门向艺术、文化和环境相关项目捐赠资金的 Salamander 基金会的捐款承诺。②

5.4.3　注重新技术应用

当下，现代科技特别是信息技术迅猛发展，日新月异，新技术、新设备不断出现，如大潮般汹涌而来，正深刻地改变着人类的生产生活方式。档案领域也不可避免地受到了技术变革的冲击，面临着机遇与挑战并存的局面。就数字档案资源建设而言，新技术的应用，各种不同内容，不同形式的数字记录大量产生，极大地拓展了数字档案资源的生成

---

① 陈璐. 加拿大文献遗产数字化加速［N］. 中国文化报,2013 − 09 − 24(010).
② 黄霄羽国外档案新闻工作室. 国外档案新闻集萃［J］. 中国档案,2016(8):72 − 73.

领域，同时也为数字档案资源的组织与呈现方式提供了更多的选择与更大的创新空间。因此，国家综合档案馆要紧跟时代发展的步伐，积极应用新的技术条件，创造性地开展数字档案资源建设。

具体而言，综合档案馆应侧重在如下三个领域的新技术应用。

（1）充分利用先进的信息组织与呈现技术。档案部门要充分利用信息组织与呈现技术，对数字档案资源进行有效组织与深度加工，以友好、便捷、富有特色的形式向用户提供利用服务，以提升用户体验。第一，数字档案资源组织技术。首先，随着计算机技术的飞速发展，各种不同类型的数字信息大量产生，在需求的拉动下，信息组织与检索领域的相关技术也有了极大的进步。国家综合档案馆需要积极应用信息集成技术与多媒体信息检索技术，实现一定范围的异构、异质数字档案资源的整合，优化检索系统的效能，使用户能够通过一站式检索平台查找和获取到所需的分散各处、格式多样的档案资源，实现异构数据库跨库检索与跨媒体检索。其次，随着用户信息需求的日益精确化，信息检索与挖掘研究呈现细粒度和语义（关联）化的发展趋势。① 为了适应大数据分析与知识发现的新要求，深度开发数字档案资源，向用户提供精细服务，国家综合档案馆需要推进档案数据化建设，降低档案信息的粒度，并应用语义信息组织技术，实现对数字档案资源的语义管理与知识挖掘。再次，个性化服务是现代信息服务的重要理念，也是智慧时代信息服务的发展趋势。个性化服务可以极大扩充传统档案服务提供数据的方式，使档案资源智能化传递给档案用户。② 国家综合档案馆可以利用协同过滤技术、关联规则等数据分析技术与个性化推荐技术，建立数字档案资源个性化推荐系统，通过收集用户的兴趣偏好，进而利用一定的推荐算法进行个性化计算，将数据推荐到用户，并引导用户发现自己的信息需求。③ 实现数字档案资源服务从供给导向到需求导向转变。第二，

---

① 陆伟. 细粒度信息检索与知识挖掘[J]. 图书情报知识,2012(3):4－34.

② 田伟,崔杰,韩海涛."互联网＋"视域下档案个性化服务研究现状与展望[J]. 档案与建设,2017(8):23－26.

③ 田伟,韩海涛."互联网＋"视域下档案信息化建设的四重境界[J]. 中国档案,2017(10):70－73.

数字档案资源呈现技术。信息的呈现直接影响用户的体验，数字时代的信息呈现技术发展迅速、异彩纷呈，为数字档案资源的展现提供了多样化的选择与更大的创新空间。国家综合档案馆可以充分应用地理信息技术、3D 动画技术、多媒体技术、可视化技术、虚拟与现实技术等，将档案资源以更新奇、更具吸引力的方式呈现给用户，从而使其获得更好的服务体验。

（2）充分利用社交媒体。社交媒体是指互联网上基于用户关系的内容生产与交换平台。其是 Web 2.0 时代的典型应用，具有参与、公开、交流、对话、社区化、连通性等特点。当前，社交媒体在互联网的沃土上蓬勃发展，蔚为壮观，爆发出令人眩目的能量。社交媒体为档案馆加强自身与公众的互动与交流，引导公众参与数字档案资源建设提供了绝佳的渠道。其作用具体表现在两个方面：第一，利用社交媒体展示档案资源。以展示文字、图片与音视频资源为主要功能的社交媒体，为档案机构展示和分享数字档案资源提供了更加新颖的方式与更为广阔的平台。以英国国家档案馆为例，从 2008 年 10 月建立了 Flickr 账号以来，截至 2016 年 2 月 25 日，其已分享 19964 张照片，共 5200 余人订阅。① 第二，利用社交媒体促进公众参与。档案机构可以使用社交媒体邀请用户参与数字档案资源建设的具体事务，在线上传与分享档案资源，或对档案资源进行翻译、推介、评论或添加说明、标签等。据统计，英国国家档案馆先后在 13 个社交媒体平台上开通了账户，通过这些社交媒体平台与公众进行互动与交流，邀请志愿者为 Archives Media Player 上发布的视频音频档案添加评论，在 Glamwiki 上撰写与馆藏资源相关的文章，在 Livechat 中与文件管理专家在线交流，为 Flickr 和 Twitter 上的项目补充说明背景知识等。②

（3）开展档案移动应用建设。随着移动通信网络环境的不断完善以及智能手机的进一步普及，移动互联网应用向用户各类生活需求深入渗

---

① The National Archives UK. The National Archives of Australia[EB/OL]. [2016 – 02 – 25]. http://www.flickr.com/photos/nationalarchvies.

② 闫静. 档案事业公众参与特点及新趋势探析——基于英国"档案志愿者"与美国"公民档案工作者"的思考[J]. 档案学研究,2014(3):81 – 84.

透，促进手机上网使用率增长。仅以中国为例，"截至 2020 年 3 月，我国手机网民规模达 8.87 亿，较 2018 年底增长 7992 万，网民使用手机上网的比例达 99.3%，较 2018 年年底提升 0.7 个百分点"①。国家综合档案馆要顺应这一趋势，积极开展档案移动应用建设。第一，开发和推广档案移动 App。随着手机网民数量的快速增长，各种不同用途的移动应用程序得到广泛应用。短信、移动音乐、手机游戏、视频应用、手机支付、位置服务等，甚至餐厅订位、预订水果、衣服干洗、送餐、打车和洗车都可以通过手机来实现。国外许多档案馆都开发了各种不同的档案移动 App 传播数字档案资源，极大地提升了用户体验，收到了良好的效果。泰恩－威尔郡档案馆和博物馆开发的用以传播历史知识的手机应用程序"隐秘的纽卡斯尔"于 2011 年上线，并大获成功，目前已升级到新版本，目前又开发了朗读馆藏故事的手机 App"支流"。美国国家档案馆从 2011 年开始，也陆续开发了多款查询和阅读档案信息，适用于 iOS 与 Android 系统的移动应用程序，如"今日文献""悬崖边上：肯尼迪与古巴导弹危机""总统文件""教师文献""国会通过权利法案"与"第一次世界大战记忆"。此外，我国故宫博物院的做法也有一定的借鉴意义。从 2014 年开始，基于馆藏资源，陆续开发并推出了"韩熙载夜宴图""每日故宫""清代皇帝服饰""皇帝的一天""故宫陶瓷馆""胤禛美人图""故宫社区""故宫展览""紫禁城祥瑞"等多款优质应用，大受欢迎，影响深远。其中"韩熙载夜宴图""每日故宫""清代皇帝服饰"三款 App 均入选"2015 年度精选"，被评为"本年度最具想象力、创造力和吸引力的作品"。第二，推广移动数字档案馆。移动数字档案馆是数字档案馆的延伸，其以通信网络为通道，手机媒体为终端，借助手机门户、短/彩信、应用程序商店等平台向公众提供多样的服务、多样态的档案资源。手机门户作为档案馆移动服务综合门户网站，是用户使用手机随时随地方便快捷获取档案馆服务和资源的通道。通过手机门户可以全面了解档案

---

① 中国互联网络信息中心. 第 45 次中国互联网络发展状况统计报告[R].北京:中国互联网络信息中心,2020.

馆的讲座、公告、新开放档案资源预告等各类公告信息,随时检索和查询档案馆档案目录与全文信息,更可利用碎片时间在线阅读档案资源、观看档案馆展览、聆听专家讲座等。例如,中国国家图书馆就开发了移动数字图书馆——"掌上国图"。

5.4.4 实行项目化运作

"项目"是一个十分活跃的词汇,广泛应用于各种不同领域。百度百科上对项目的定义是,"项目是指一系列独特的、复杂的并相互关联的活动,这些活动有着一个明确的目标或目的,必须在特定的时间、预算、资源限定内,依据规范完成"。按照这一定义,可以归纳出项目的基本特征:项目开发是为了实现一个或一组特定目标;项目要受到预算、时间和资源的限制;项目具有一定的复杂性;项目往往是一次性的,不重复的。国家综合档案馆所开展的传统档案资源建设是一项重复性与长项性的工作,例行公事,照章操作,按部就班,一般都不以项目化的方式进行。而数字档案资源建设则属于探索性与开创性的工作,有着灵活多变的形式与广阔的创新空间,时间周期不一,而且往往需要多方参与和严格的经费控制,因而适于采用项目化运作的方式开展。对国外档案机构开展的各种数字档案资源建设活动进行考察可以发现,其大都是以项目的方式运作的。数字档案资源建设项目化运作一般具有以下几个方面的特点。

(1)遵循以用导建,以用促建的思路。不同于传统的档案资源建设,数字档案资源建设项目往往需要从项目设计时就要考虑资源的"出口"与用途,基于特定的需求与用途,从末端逆向思考确定资源收集的范围与途径,并且在建设的过程中实现资源采集与资源使用的相互促进。因此,数字档案资源建设项目具有很强的资源使用的目的性,在此过程中,"建"与"用"结合得更加紧密,甚至融为一体。例如,英国泰恩-威尔郡档案馆和博物馆开展了以数字化方式制作普通人故事的"文化冲击"数字资源建设项目。在这个项目中,工作人员通过接触一群老人,了解到他们关于 20 世纪 30 年代至 50 年代的舞厅记忆,并鼓励他们数字化制作并编辑自己的故事,同时其还改装了大众野营车,在车上安装了两台等离子屏幕和声音系统，在社区公开播放这些数字化故事。① 通过这样的方式开发了一些数字记忆项目后，英国泰恩－威尔郡档案馆和博物馆获得了大量数字化信息。

（2）在统一标准的基础上分工协作。大型的数字档案资源建设项目需要多方参与，分散而独立的资源建设往往由于资源标准不统一而影响资源的整合与共享，因而必须由项目建设的组织者与主导方在统一标准的基础上开展分工协作。例如，国家数字图书馆推广工程"网事典藏"项目由国家图书馆组织实施，地方各级图书馆共同参与，各自负责所在地区的政府网站的网络信息采集与存档，但都遵从统一的网络信息格式标准、工作流程、元数据著录规则。

（3）专题式聚合与呈现数字资源。数字档案资源来源广泛，形态多样，不适合于按来源进行采集与组织，更适合于按专题或主题聚合与呈现。档案机构一方面可以根据人物、事件、地点、事物等专题或某主题主动收集相关的数字资源，建设专题数据库。以美国 911 数字档案馆（http：//911digitalarchive.org）为例，其主要致力于采用电子媒体收集、保存和展示 2001 年 9 月 11 日发生在美国的恐怖袭击事件的历史及其造成的影响、公众对其的反应等。通过网络采集、鼓励公众捐赠以及整合图书馆、研究机构资源等方式，收集与保存"9·11"事件有关的第一手资料如电子邮件和其他电子通信记录、数码照片、视频和艺术品，以及一系列与袭击有关的其他数字材料。目前，该档案馆已经拥有了超过 150000 个数字项目，其中包括超过 40000 电子邮件和其他电子通信记录，超过 40000 个第一手故事和超过 15000 幅数字图像。档案机构另一方面可以采用活动的方式，有意识地促进某一主题或专题的数字档案资源的生成并予以收集。例如，"通过发动民众，围绕特定的主题，如历史名人、名胜古迹、名优产品、名优建筑等，开展摄影或 DV 拍摄大赛，以此收集和整合优秀的音像资源"②。

（4）重视用户反馈与项目绩效。成功的数字档案资源建设项目，都

---

① 伊恩·沃森. 数字世界里的记忆探秘——英国泰恩－威尔郡档案馆和博物馆的数字化经验[N]. 中国档案报,2015－12－21(003).

② 张大伟. 从"全民大拍档"看人类记忆的革命[J]. 上海档案,2011(4):11－13.

重视项目的实际绩效。根据用户反馈与社会反响持续改进，以求获得最佳的绩效。例如，美国"佛罗里达记忆"项目充分利用馆藏档案资源，在网站上分类展示，向用户提供精确服务，并根据用户使用反馈不断优化网站设计，获得了较高的社会关注度，并被美国档案工作者学会授予2015年度"档案创新奖"。①

5.4.5 共建共享资源

智库·百科对信息资源共建共享的定义："指两个或两个以上信息机构之间通过分工协作等方式，开展优势互补、互利互惠的信息资源建设和信息服务活动，从而使信息资源更加合理地布局，最大限度地满足读者的信息需求。"信息资源的共建与共享可以实现社会成本最小化、社会效益最大化。随着知识经济兴起与发展，人类社会对知识、信息的需求急剧增长，从而对实现信息资源共建与共享提出了更为迫切的要求。而信息与通信技术的发展与应用，又为实现信息资源的合作共建与合理共享提供了极为便利的现实条件。

当前，共建共享已经成为网络时代资源建设的重要理念之一。因而，推进数字档案资源的共建共享也是数字档案资源建设的必然选择。具体而言，数字档案资源共建共享主要分为以下两种类型。

（1）系统内部资源共建共享。系统内部资源共建共享主要是指档案机构之间通过合作实现档案资源之间的整合与共享。国内综合档案馆系统目前还主要是在省级行政区域范围内开展资源共建共享实践，全国范围内的共建共享工程"全国开放档案信息资源共享平台"与"全国档案目录中心"等项目正在建设中。图书馆系统在这方面着手较早，进展更快，对于档案系统开展资源共建共享有一定的借鉴意义。以国家数字图书馆推广工程（http://www.ndlib.cn）为例，该工程由国家图书馆牵头组织实施，实现国家图书馆、省级图书馆、市级图书馆三级联动，遵循"资源共知、资源共建、资源共享"的原则开展建设。通过全国各级图书馆自建数字资源登记，有效揭示离散分布的自

---

① 王健,王小丹."佛罗里达记忆"特色分析[J].中国档案,2016(3):68-69.

建数字资源，与商购资源进行集成整合，与国家书目系统形成互联，实现对纸本馆藏和数字馆藏的集成揭示，实现对全国公共图书馆馆藏资源的统一揭示和有效管理；有重点地建设优秀数字资源，遵循统一的加工标准与规范，实现资源之间的无缝跨库互连，建成分布式公共文化资源库群，最终构建国家级数字资源保障体系；将国家图书馆的数字资源建设成果和普适性的商业数字资源在工程范围内共享，提升各地数字资源保有量，并以 VPN 访问、统一认证、镜像等形式实现各馆对资源的获取。

（2）跨系统资源共建共享。跨系统资源共建共享主要是指档案机构、图书馆、博物馆、纪念馆、方志馆与文化馆等文化事业机构基于保护国家文献遗产、建构国家记忆与促进文化产业与教育事业发展的共同使命，开展合作，共同建设数字资源，实现档案、图书、文物等各种不同的记忆与文化资源的整合与共享。然而，跨系统资源共建共享的实现要受到体制、利益与技术规范等多方面因素的制约，其难度远甚于系统内部的资源共建共享。2016 年，由加拿大一些记忆机构合作促成加拿大推出了国家文献遗产数字化战略（NHDS）。该战略将促进加拿大记忆机构的馆藏数字化，确保相关机构适应数字时代，使馆藏更方便利用，也有利于保存加拿大的文化遗产。NHDS 将覆盖国家、区域和地方所有公布或未公布的重要材料，包括公共和私人档案馆、图书馆、博物馆、画廊、协会及其他记忆机构的馆藏。①

5.5　服务质量导向型数字档案资源建设模式的总体框架

综合以上的分析，可以将服务质量向型数字档案资源建设模式归纳为：以提升服务质量为基本导向，以实现资源来源多元化、资源结构多维化与资源呈现多样化为目标，秉持开放、亲民、拓展、创新、竞争的理念，实施引入公众参与、开展跨界合作、注重新技术运用、实行项目

---

① 黄霄羽国外档案新闻工作室 . 国外档案新闻集萃[J]. 中国档案,2016(8):72 - 73.

化运作与共建共享资源的策略的数字档案资源建设模式（图 5 - 7）。

　　服务质量导向型数字档案资源建设模式不单纯追求数字档案资源数量与规模的增长，具有集约式建设的特征，体现现代信息服务理念，符合国际信息资源建设的潮流与趋势。

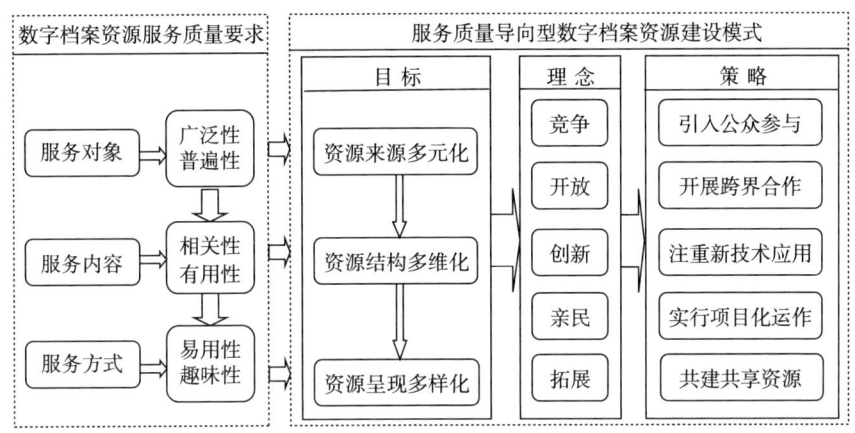

图 5 - 7 服务质量导向型数字档案资源建设模式的总体框架

第6章 服务质量导向型
数字档案资源建设模式的实现

如前所述，所谓服务质量导向型数字档案资源建设模式就是以提升服务质量为基本导向，以实现资源来源多元化、资源结构多维化与资源呈现多样化为目标，秉持开放、亲民、拓展、创新、竞争的理念，实施引入公众参与、开展跨界合作、注重新技术运用、实行项目化运作与共建共享资源的策略的数字档案资源建设模式。那么，这一模式是否有现实可行性？主要存在哪些障碍与制约因素？具体如何实现？在本章中，通过对国内部分国家综合档案馆相关部门负责人的深度访谈，就服务质量导向型数字档案资源建设模式实现的可行性、障碍与路径等一系列问题进行具体分析与探讨。

6.1 可行性分析

6.1.1 职能拓展

任何组织机构的存在，都是以其拥有一定的功能或职能为基础的。通过自身职能或功能的发挥，有所产出，以换取存续所需的资源。因此，国家综合档案馆能否存在并得到持续发展取决于其是否有所产出，从而获得足够的资源支持。对于国家综合档案馆而言，其产出就是服务，即为党委和政府决策服务，为经济社会发展服务，为社会公众生产生活服务。是否能够为各方面提供优质的服务，是国家综合档案馆的生命线。进入 21 世纪以来，在推进国家治理体系与治理能力现代化及社会需求快速增长的双重拉动与倒逼之下，我国国家综合档案馆正在经历一个不断拓展自身服务职能，全面提升服务能力的发展阶段。着力创新服务方式，提高服务质量，成为各类国家综合档案馆开展各项工作的主线。馆藏资源是决定档案馆服务能力大小强弱的基础性与关键性要素。优质的资源是国家综合档案馆的立身之本与竞争优势，只有拥有优质的馆藏资源，才能够在此基础上开展各种不同形式的服务，不断提升自身的服务能力。因此，国家综合档案馆自身服务职能的不断拓展与深化，为实现服务质量导向型数字档案资源建设模式提供了最基本的内在动力源泉。

6.1.2　环境变化

任何事物与其所处的环境之间关系紧密，系统的正常运作与发展变化都需要与环境相协调，环境的变化是促进系统演化的外部条件。当前，我国国家综合档案馆正处在一个急剧变化的环境中：一方面，随着移动互联网、云计算与大数据等技术的快速发展与应用，社会信息化、网络化、智能化的程度越来越高，深刻地改变着各个行业、各个领域的运行状况，也给档案工作带来了冲击与影响，呈现出"互联网＋档案"的新业态。基于这一背景，国家综合档案馆既面临新的管理对象所带来的压力，又获得了一个拓展资源广度的机遇；既要处理技术日新月异而带来的各种新的问题，又可以充分利用新技术不断优化和提升服务水平。另一方面，基于档案资源价值的多维性，随着经济社会的快速发展，社会各界对档案的需求持续增长，新的用户群体与新的用户需求对国家综合档案馆不断创新服务模式、提升服务水平施加了压力。国家综合档案馆需要在基础业务、资源建设与服务等各个方面予以回应。因此，技术环境与用户环境的变化，为实现服务质量导向型数字档案资源建设模式提供了外部条件。

6.1.3　理论发展

后现代主义是 20 世纪 60 年代在西方国家开始出现的一种极为复杂

的哲学思潮，最初发端于建筑领域，随后迅速蔓延到文学、艺术、语言、历史、哲学等社会文化和意识形态的诸多领域，在人文社会科学研究中产生了广泛的影响。后现代主义以"反现代"为核心特征，其反传统、反元解释、反文本意义等核心观念深刻地影响着人们的生活方式、行为方式和思维方式。① 受后现代主义的影响，自 20 世纪 80 年代以来，档案学也正在经历一场后现代的转型。档案学界相继产生了后保管模式、文件连续体理论、档案记忆观与档案多元论等诸多理论观点。在后现代主义的语境下，社会也有记忆，社会记忆是根据当下的需求对过去进行重构而在社会成员之间形成的共识，在此基础上可以产生成员的身份认同，而档案是参与社会记忆建构的重要工具与中介。社会记忆理论为认识和研究档案与档案管理现象提供了一个全新的视角，启发人们对档案和档案事业进行新的思考。随着联合国教科文组织倡议并牵头实施的"世界记忆工程"项目的展开，"记忆"被引入档案界，成为档案学界的高频词。近年来，冯惠玲、丁华东与徐拥军等学者在这一领域进行了深入探讨并颇有建树，提出了一系列有关档案与记忆的观点，使档案记忆理论不断深化并得以初步确立。在档案记忆理论的视阈下，档案是承载与传递社会记忆，构建身份认同的重要工具，参与社会记忆建构是国家综合档案馆的重要职能。基于此，一方面，档案学界开始对传统档案工作实践进行反思，档案馆如何突破原有以司法－行政管理为基础，主要收集政府机构档案的保存模式，弥补边缘群体记忆在主流历史中的空白这一问题开始受到关注，私人档案、家庭档案与社群档案等现象也开始进入研究者的视野；另一方面，在欧美国家，黑人、少数族与同性恋者等边缘化群体，通过开展各种不同形式的档案资源收集、保存与利用项目，以此构建集体记忆，增强身份认同，表达权利诉求的社群档案实践蓬勃发展起来。档案记忆理论为国家综合档案馆开展数字档案资源建设开辟了新的思路。在国家重视文化建设与发展，建设和谐社会的大环境下，国家综合档案馆在非物质文化遗产保护、地方历史文化传承与

---

① 张时佳. 当代西方现代性批判及其对中国现代性建构的启示[J]. 西南民族大学学报（人文社科版）,2012(3):64－67.

发展、增进民族凝聚力与认同感等诸多领域都能找到用武之地。将历史与文化以数字化方式保存下来并实现广泛传播与共享，对于促进文化发展与繁荣、增强文化自信与国家文化软实力、满足社会公众的文化需求有重大意义。因此，档案记忆理论的提出与发展，为实现服务质量导向型数字档案资源建设模式提供了必要的理论支持。

6.2　障碍分析

6.2.1　档案开放存在阻力

　　档案开放鉴定是开展馆藏数字档案资源建设与服务的基础性工作。然而，基于多方面的原因，档案开放鉴定的具体实施有一定的难度，档案开放存在阻力。

　　一方面，档案开放鉴定工作机制不健全。首先，根据《中华人民共和国保守国家秘密法》及《中华人民共和国保守国家秘密法实施条例》的规定，"谁定密、谁解密"是一条总的工作原则。国家综合档案馆在档案开放鉴定工作中，实际上没有单方面解密的权力，而只能负责组织与统筹。档案的解密工作需要各个立档单位的密切配合与具体实施，但各相关单位基于承担保密责任与规避泄密风险的考虑，普遍存在持"宁可少一事，不可多一事"的保守态度或者"踢皮球"与"冷处理"的现象。此外，很多中华人民共和国成立初期形成的档案存在过度定密的问题，而其形成单位早已撤消，按照现行的解密原则，对于这部分"涉密"档案，因找不到解密的主体而无法解密。再次，由于档案形成过程的特殊性，很多档案在内容上涉及个人隐私与商业秘密，关系党和国家的利益，因此，对于非涉密档案或解密档案，在档案开放鉴定过程中还需要对其进行划控处理。当前，我国档案划控工作的主要依据是 1991 年制定的《各级国家档案馆馆藏档案解密和划分控制使用范围的暂行规定》。这一文件中列出了 20 种应当控制使用的情形，但事实上，这些规定过于笼统，在实际操作中难以掌握，给档案划控工作带来了一定的难度。随着当前国家对保密的要求越来越严格，档案划控工作可能会更加保守。基于以上原因，当前各级国家综合档案馆几乎都面临着到期档案解密和划控工作难以推进的局面，直接影响到网上开放档案资源数量的增长。

另一方面，档案开放鉴定工作成本较高。首先，当前各级国家综合档案馆都在推进文件级目录数据库与全文数据库建设，逐步实现以一份文件作为一个独立的检索对象并提供利用。这就需要开展文件级开放鉴定，除了要审察档案的题名、时间、文种等要素之外，还需要对全文一一进行审阅。其中，凡是涉及个人隐私、商业秘密或关系党和国家利益的内容，都要进行相应处理。其次，档案解密工作牵涉到各个档案形成单位，在此过程中，国家综合档案馆需要与之一一沟通、协商，并办理相关的手续，过程十分繁琐。最后，对于上网的档案，国家综合档案馆对所有在政务网、互联网发布的档案目录和全文必须严格把关，在完成开放鉴定工作的基础上，再进行相应的审批。因此，档案开放鉴定工作是一件费时费力的工作，需要大量的时间成本与人力成本投入。总之，受制于档案开放鉴定工作机制不健全、档案开放鉴定工作成本较高两个方面的因素，数字档案资源建设与服务的推进也必然是一个相对缓慢的发展过程。在线数字档案资源数量偏少有其客观原因，而并非档案部门"不作为"，不能过于苛责，应持理性态度。

6.2.2 相关经费投入偏少

近年来，国家对档案事业的重视程度有所提高，但不容否认，国家综合档案馆仍然是一个相对边缘的机构，这在财政投入力度上有所体现。因此，各类国家综合档案馆在档案资源建设上，还普遍面临经费短缺的问题。以天津市档案局（馆）为例，2014 年财政拨款总额为 4218.8 万元，2015 年为 4861.8 万元，2016 年为 5091.8 万元，2017 年 5963.1 万元，从纵向来看，财政拨款数额逐年增加。但按照 2017 年部门预算，财政拨款总额为 5963.1 万元，除去社会保障和就业、医疗卫生和计划生育两项支出，用于一般公共服务支出的金额为 5326.5 万元，而其中 4598.9 万元用于行政运行与一般行政管理事务，真正用作档案馆与其他档案事务的支出仅为 436.0 万元。①再以北京市档案局（馆）为例，2017 年档案馆经费预算总额为 5439.404184 万元，而其中用于"档案数字化副本与目录核对经费""档案开放鉴定专家经费""档案目录录入著录经费""档案征集经费"与"国家重点档案（民国时期）文件级目录著录"等几项与档案资源建设相关的经费共计为 304 万元，占比仅 6.4%。② 然而，数字档案资源建设是一个耗资巨大的系统工程，单纯完成档案数字化与数据化等基础性工作就需要大量的投入。在当前阶段，国家综合档案馆只可能将有限的经费投入部分相对紧迫的基础性工作。这在客观上对国家综合档案馆开展开拓性的数字档案资源建设工作造成了一定的制约。

6.2.3　资源建设动力不足

当前，数字档案资源建设虽然已经成为各级国家综合档案馆的一项重要业务工作，但还面临着直接动力不足的问题。主要有两方面的原因。

第一，数字档案资源建设与服务的绩效难于体现与衡量。作为文化事业机构，综合档案馆工作的价值主要体现为社会效益，直接的经济效益并不明显，难于直接衡量其绩效。数字档案资源建设同样存在这一问题。除了用数字资源的数量、网站访问量、浏览量与查阅量等较为简单的指标来评价其绩效之外，对其实际效益则不便衡量，使数字档案资源建设的效益不能明显地体现出来。这与数字档案资源建设需要的巨大投入相比，在成本收益上形成较大反差，这就在一定程度上削弱了数字档案资源建设的直接动力。例如，当前档案界对是否需要对馆藏传统载体档案全部数字化的做法存在争议，其中最重要的一个因素就是考虑成本投入与实际收益的不平衡。

第二，现行的绩效评价体系中缺乏有关开拓性数字档案资源建设的

---

① 天津市档案局. 天津市档案局 2017 年部门预算公开［EB/OL］.［2018 - 01 - 30］. http://www. tjdag. gov. cn/tjdag/zwxx60/gzjh/ysgk/index. html.

② 北京市档案局. 北京市档案局 2017 年预算情况说明［EB/OL］.［2018 - 01 - 30］. http://www. bjma. gov. cn/bjma/300478/301148/301211/index. html.

硬性指标。现有的绩效评价体系主要涉及一般性数字档案资源建设，但对于开拓性数字档案资源建设，则缺乏硬性的量化指标。例如，政府绩效评估中对国家综合档案馆的业绩衡量中涉及社会满意度调查，国家综合档案馆基础业务考评有接待量、活动量、利用量等指标，数字档案馆测评则涉及查找、查到率，政务网与互联网上的访问人次，政务微博粉丝量等。这些指标均为辅助性与参考性指标，不是硬性指标。因此，对于国家综合档案馆而言，积极收集社会档案资源，深度开发档案资源，从事开拓性的数字档案资源建设，面向公众开展服务，提高社会关注度，只是"锦上添花"之举，缺乏相对强劲的动力。

6.3 路径分析

6.3.1 争取支持

按照现行的体制，我国国家综合档案馆虽然属于文化事业机构，但在机构序列上列为党委直属机构。基于特殊的体制，国家综合档案馆不可避免地具有政治性强的特性。此外，党和政府在一定阶段的战略、方针、政策以及工作着力点是财政投入的基本指向。因此，服务于党和政府方针政策的实施，是国家综合档案馆履行职能的重要取向，也才能够获得更多的支持与投入。此外，为党和政府服务，实际上是基于维护国家整体利益的需要，也是间接服务于社会、服务于公众。因此，国家综合档案馆在开展数字档案资源建设的过程中，需要基于自身的权利、责任清单与职能定位开展工作，将其与大政方针相结合，围绕大局与中心工作做文章，从而获得更多的支持。例如，国家综合档案馆可以在爱国主义教育、保护与传承历史文化、文化建设、促进社会和谐、服务民生等方面，寻求与数字档案资源建设的切入点与结合点。这样既易于出成绩，出亮点，产生社会影响力，提高社会关注度，也有利于获得政策与财力上的支持与投入。当前，部分地方档案部门已经在这方面有所实践。例如，湖南省档案馆主动服务洞庭湖生态经济区建设，建立专题档案数据库。2011 年，浙江省档案局围绕《中共浙江省委关于认真贯彻党的十七届六中全会精神大力推进文化强省建设的决定》提出的"大力推进文化强省建设"的战略，出台了《浙江省档案局关于大力推进档案文化建设的意见》，全面实施"浙江记忆工程"，实施"浙江名人""浙江方言""浙江名镇（村）""记忆浙江""浙江之最""浙江老照片""浙江档案文献遗产工程""家庭档案"与"家谱族谱"等重点项目，致力于全方位、立体化保护浙江省域、地区、城市、乡村与人民群众生活五个方面的历史记忆。

6.3.2 需求拉动

公众的需求是档案资源建设与服务的根本动力，是引发档案资源建设与服务的动力源。只有存在公众对档案的需求，档案资源建设与服务才存在意义。[①] 因此，满足各方面的需求也是国家综合档案馆开展数字档案资源建设的最终目的。只有真正贴近需求的数字档案资源建设才有生命力与持久性，也才能提升数字档案资源服务的质量水平。长期以来，各级国家综合档案馆的馆藏资源建设主要是一种被动接收的模式，对于所保存的档案资源是否能够满足各方面的需求实际上缺乏比较准确的把握。然而，基于提升服务质量的导向，数字档案资源建设需要更强的指向性与目的性，亦即采取"不是建设好资源去找用户，而是根据用户需求来开展资源建设"的建设思路。因此，国家综合档案馆需要把握各个方面对档案资源的刚性需求与迫切需求，针对性地开展数字档案资源建设。

借助于需求拉动开展数字档案资源建设，主要有两个方面的实际意义：一方面，针对某种特定需求开展数字档案资源建设能够在短期内产生比较明显的效应，提升关注度，从而形成良性循环。以天津市档案馆为例，近年来，其重点围绕天津近代史料进行整理与数字化，并提供在线利用，同时着力针对急需保护与留传下来的历史文化进行数字档案资源建设，如开展天津方言语音建档工程，与民间组织合作开展天津城市

---

① 周耀林,赵跃. 面向公众需求的档案资源建设与服务研究[M].武汉:武汉大学出版社,2017:83.

记忆保护工程等，产生了良好的社会反响，大大改善了档案馆的社会形象，为档案馆进一步拓宽数字档案资源建设的广度与深度创造了良好的条件；另一方面，可以提高投入产出比，节约成本，避免资源浪费。比如，将馆藏传统档案全盘数字化的做法就违背了"需求拉动"的原则，效益相对低下。理性的选择应该是将部分急需抢救性保护的历史档案、早期的音像档案、照片档案等进行数字化，或者集中对某些社会需求量大、利用频率较高的档案分专题进行数字化。

6.3.3　循序渐进

如前所述，当前，数字档案资源建设还存在诸多制约因素，这就决定了数字档案资源建设是一个长期系统工程，数字档案资源服务质量的提升也需要一个逐步提升的过程。西方发达国家在数字档案资源建设方面取得的成果，可以作为参照与借鉴，但是鉴于国内外在历史、体制等各个方面都存在差异，必须立足当前国内的客观实际情况，相对理性地开展数字档案资源建设，不能采用"大跨步"式的做法，而适宜于选用渐进式的发展路径。

从宏观层面来看，当前我国档案事业发展不平衡的问题仍比较突出，东部发达地区与中西部地区之间，同一个省份的不同区域之间的国家综合档案馆在软硬件方面都存在较大的差异，部分地方的国家综合档案馆工作基础极其薄弱。因此，在数字档案资源建设上，一方面，不能提"一刀切"的要求，需要差异化发展，部分基础条件相对较好的地区先试先行，在网络信息存档、社会数字档案资源采集与档案资源数据化等方面积极探索新思路；另一方面，优先做好全国档案目录中心、全国开放档案信息资源共享平台建设与重点档案数字化等基础性工作。

从微观层面来看，国家综合档案馆在开展数字档案资源建设的过程中，多开展小而专且精的项目，一点一点做，一步一步来。例如，湖南省档案馆利用特色馆藏资源，建立了湖南旧政权档案、红色档案、革命历史档案、洞庭湖档案等 10 多个专题数据库，益阳市档案馆建立"花鼓戏档案"专题数据库。循序渐进的建设思路有利于克服数字档案资源建设过程中的阻力，降低难度。

后　记

狄更斯的《双城记》中有一句话，"这是一个最好的时代，也是一个最坏的时代"，用来描述国家综合档案馆当下的境况非常贴切。信息化大潮滚滚而来，深刻地改变着社会的方方面面。社会信息化带给它的是一个前所未有、异彩纷呈的数字世界。当越来越多的信息以比特的形式存在，人们越来越习惯于从互联网上获得信息与体验，国家综合档案馆不得不重新思考自身的功能定位与业务模式。固守传统的观念与做法只会使自身面临被弱化、被整合甚至被取代的命运，而如果顺应潮流，革新求变，那么其将获得一个更加广阔的发展空间。

资源建设是档案馆工作永恒的主题。相对于传统的资源建设而言，数字档案资源建设是档案馆在数字时代面临的全新课题。新的时代与环境向国家综合档案馆开展数字档案资源建设提出了挑战，迫切要求其在持续增加数字档案资源数量的同时，实现数字档案资源价值的最大化，为社会提供高质量的服务。因此，坚持以服务质量为导向，以用户为中心，是数字档案资源建设的第一要义。

从 2012 年起，笔者就开始关注数字档案资源建设这一问题。本书便是对相关研究成果的总结与呈现。在研究过程中，李晓、张琦、郝晓雅、王淼、刘智颖等参与了文献资料搜集整理与档案网站调查，南开大学商学院的冯湘君副教授还撰写了第 5 章的部分内容。同时，本书也参考、引用了大量学者的著述。在此一并表示感谢！

水平所限，本书还存在诸多不足和问题，恳请各位专家、同仁批评指正。

蒋　冠

2020 年 3 月于天津

参考文献

[1] DESMET P M A, HEKKERT P. Framework of product experience [J]. International Journal of Design, 2007, 1 (1): 57 –66.

[2] DUFF W, DRYDEN J, LIMKILDE C, CHERRY J, BOGOMAZOVA E. Archivists' Views of User – based E – valuation: Benefits, Barriers, and Requirements [J]. The American Archivist, 2008, 71 (1): 144 – 166.

[3] HASSENZAHL M, TRACTINSKY N. User experience – a research agenda [J]. Behaviour & Information Technology, 2006, 25 (2): 91 –97.

[4] TILLOTSON J. Web Site Evaluation: A Survey of Undergraduates [J]. Online Information Review, 2002, 26 (6): 392 –403.

[5] MORVILLE P, ROSENFELE L. Information Architecture for the World Wide Web [J]. Library Quarterly Information Community Policy, 2002 , 14 (11) : 498 – 500.

[6] WANG X R, GAO Z H, WEI G W. An Approach to Archives Websites' Performance Evaluation in Our Country with Interval Intuitionistic Fuzzy Information [J]. Information Sciences and Service Sciences, 2011, 3 (7): 221 –227.

[7] NOLTENIUS R. A Class and its Culture: A Special Library in the Ruhr [J]. New Library World, 1990, 91 (3): 122 – 127.

[8] LIAN Z Y. Factors influencing the integration of digital archival resources: a constructivist grounded theory approach [J]. Archives & Manuscripts, 2016, 44 (2): 86 – 102.

[9] MCGOVERN N. A Digital Decade: Where Have We Been and Where Are We Going in Digital Preservation? [J/OL]. RLG DigiNew, 2007 (1): 23 – 28.

[10] STRODL S, BECKER C, NEUMAYER B. How to Choose a Digital Preservation Strategy: Evaluating a Preservation Planning Procedure [C]. Proceedings of the

7th ACM/IEEE – CS Joint Conference on Digital Libraries. New York：ACM Press 2007：29 – 38.

[11] LORIE R A . Long term archiving of digital information ［C］. Proceedings of the first ACM IEEE – CS Joint Conference on Digital Libraries. 2004：346 – 352.

[12] ALEXA T, MARIE E. Principles for digital library development ［J］. Communications of the ACM, 2001, 44 (5)：48 – 54.

[13] BAILEY – HAINER B, URBAN R. The Colorado digitization program：a collaboration success Story ［J］. Library Hi Tech. 2004, 22 (3)：254 – 262.

[14] GEMMILL L. Ohio Memory Online Scrapbook：creating a statewide digital library ［J］. Library Hi Tech, 2005, 23 (2)：172 – 186.

[15] CHAUDHRY A S, TAN P J. Enhancing access to digital information resources on heritage ［J］. Journal of Documentation, 2005, 61 (6)：751 – 776.

[16] MADDEN K, SEIFI L. Digital surrogate preservations of manuscripts and Iranian heritage：enhancing research ［J］. New Library World, 2011, 112 (9)：452 – 465.

[17] MICHEL P. Digitizing special collections：to boldly go where we′ve been before ［J］. Library Hi Tech, 2005, 23 (3)：379 – 395.

[18] BRIET S, RONALD E, MARTINET L. What Is Documentation? English Translation of the Classic French Text. Lanham, Maryland, Toronto, Ox – ford ［M］：The Scarecrow Press, Inc. 2006.

[19] BUCKLAND M. The centenary of Madame Documentation：Suzanne Briet, 1894 – 1989 ［J］. Journal of the American Society for Information Science, 1995, 46 (3)：235 – 237.

[20] The National Archives UK. The National Archives of Australia ［EB/OL］. ［2016 – 02 – 25］. http：//www. flickr. com/photos/nationalarchvies.

[21] National Archives and Google Launch Pilot Project to Digitize and Offer Historic Films Online ［EB/OL］. ［2016 – 12 – 24］. http：//www. archives. gov/press/ press – releases/2006/nr06 – 64. html.

[22] 丁华东. 档案与社会记忆研究 ［M］. 北京：人民出版社，2016.

[23] 赵屹. 档案馆的现在与未来 ［M］. 上海：世界图书出版公司，2015.

[24] 金波. 数字档案馆生态系统研究 ［M］. 北京：学习出版社，2014.

[25] 张锦. 信息与传播：研究分野与交融 ［M］. 北京：知识产权出版社，2008.

［26］谢伦伯格．现代档案——原则与技术［M］．黄坤坊，等译．北京：档案出版社，1983.

［27］王健．电子办公环境中文件管理原则与功能要求［M］．北京：中国人民大学出版社，2012.

［28］陈兆祦，和宝荣．档案管理学基础［M］．北京：中国人民大学出版社，1996.

［29］吴宝康，和宝荣，丁永奎：档案学概论［M］．北京：中国人民大学出版社，1988.

［30］覃兆刿．中国档案事业的传统与现代化——兼论过渡时期的档案思想［M］．北京：中国档案出版社，2003.

［31］库克．1898年荷兰手册出版以来档案理论与实践的相互影响［R］//第十三届国际档案大会文件报告集．北京：中国档案出版社，1997：143－176.

［32］丁华东．档案学理论范式研究［M］．上海：世界图书出版公司，2014.

［33］钱学森．论系统工程［M］．上海：上海交通大学出版社，2007.

［34］赵屹．数字时代的文件与档案管理［M］．上海：世界图书出版公司，2014.

［35］赵屹．新媒体环境下的档案信息服务［M］．上海：世界图书出版公司，2015.

［36］国务院信息工作办公室政策规划组．国家信息化发展战略学习读本［M］．北京：电子工业出版社，2007.

［37］周耀林，赵跃．面向公众需求的档案资源建设与服务研究［M］．武汉：武汉大学出版社，2017.

［38］姚红叶．信息生态视阈下数字档案馆信息服务研究［D］．南昌：南昌大学，2012.

［39］任天琪．天津城市建设学院文档一体化管理系统分析研究［D］．天津：天津师范大学，2011.

［40］李晓．基于用户体验的数字档案资源服务质量评价指标模型研究［D］．天津：天津师范大学，2015.

［41］傅华．国家档案资源建设研究［D］．北京：中国人民大学，2005.

［42］牛尧尧．高校档案网站评估指标体系对的构建与应用研究——以"985工程高校"档案网站测评为例［D］．郑州：郑州大学，2013.

［43］钱欣．高校档案网站评价体系研究［D］．合肥：安徽大学，2013.

［44］魏佳丽．中外档案在线服务比较研究——基于中、美、英、澳、加五国档案网站的调查［D］．杭州：浙江大学，2010.

［45］廖洁．政府门户网站服务质量评价指标体系构建及应用研究［D］．湘潭：湘潭大学，2013.

［46］朱娜．基于公众体验的电子政务信息服务质量影响因素研究［D］．天津：天津师范大学，2014.

［47］曾智．地市级档案网站评价体系研究——以湖北省地市级档案网站为例［D］．武汉：湖北大学，2011.

［48］陈飞．中国中部六省市级档案网站评估指标体系的构建及评估结果分析［D］．郑州：郑州大学，2012.

［49］谭必勇．基于 STOF 框架的手机档案馆服务模式研究［J］．档案学通讯，2012（6）：72－75.

［50］屠跃明．提升档案信息服务能力的有效途径——集成融汇［J］．档案与建设，2013（5）：18－20.

［51］加小双，安小米．数字档案资源建设中的参与式图景［J］．档案学研究，2016（2）：83－88.

［52］覃兆刿．档案文化建设是一项"社会健脑工程"——记忆·档案·文化研究的关系视角［J］．浙江档案，2011（1）：22－25.

［53］李明华．中国的数字档案资源建设［J］．中国档案，2016（10）：14－15.

［54］李广建，汪语宇，张丽．数字资源整合的实现机制及关键技术—对国外数字资源整合系统的实证研究［J］．中国图书馆学报，2007（2）：75－80.

［55］潘连根．数字档案馆信息资源建设的原则［J］．兰台世界，2006（1）：18－19.

［56］孟世恩，任民锋，徐树林．对我国档案网站中信息资源建设问题的思考［J］．档案学研究，2008（3）：41－44.

［57］周毅．网络信息存档：档案部门的责任及其策略［J］．档案学研究，2010（1）：70－73.

［58］王健．关于档案数字化优化模式的探讨——档案数字化对象之优化鉴选［J］．档案学通讯，2007（1）：55－58.

［59］方毓宁．馆藏档案数字化十原则［J］．中国档案，2004（3）：37－38.

［60］卞咸杰．档案数字化建设中应遵循的原则［J］．档案时空，2006（12）：28－29.

［61］崔玉海．馆藏档案数字化要坚持的四项原则［J］．山东档案，2006（5）：29－30.

［62］潘积仁．档案资源建设：原则 实践 策略［J］．中国档案，2009（7）：16－18.

［63］金波，丁华东．数字档案信息资源的协调与竞争［J］．浙江档案，2013（9）：11－13.

[64] 安小米,孙舒扬,白文琳,等.21 世纪的数字档案资源整合与服务:国外研究及借鉴 [J]. 档案学通讯,2014 (2):47 - 51.

[65] 蒋冠,何振.我国电子政务环境下档案资源的整合与共享 [J]. 档案学通讯,2004 (6):44 - 47.

[66] 赵爱国.试论档案信息资源整合与档案馆馆藏建设 [J]. 档案学通讯,2006 (6):33 - 36.

[67] 薛四新,张利.基于集成管理思想的服务型数字档案馆研究 [J]. 档案学通讯,2010 (2):59 - 63.

[68] 金波,丁华东.数字档案信息资源的协调与竞争 [J]. 浙江档案,2013 (9):11 - 13.

[69] 孙俐丽,吴建华.关于国家数字档案资源整合与服务机制顶层设计的初步思考 [J]. 档案学研究,2016 (1):57 - 61.

[70] 陈玉亮,汪好.基于 SOA 的数字档案资源整合模型研究 [J]. 档案学研究,2016 (3):87 - 89.

[71] 管先海,刘伟,白桦.对数字档案馆信息服务的思考 [J]. 档案管理,2005 (5):21 - 24.

[72] 邓芳,阮洪瑶.数字档案馆档案服务模式创新研究 [J]. 航空档案,2009 (Z1):52 - 55.

[73] 张东华,姚红叶.信息生态视阈下数字档案馆信息服务研究 [J]. 档案学通讯,2011 (5):56 - 58.

[74] 支凤稳,赵红颖.档案信息资源数字化融合服务模式研究 [J]. 档案学通讯,2015 (6):61 - 64.

[75] 周耀林,贾聪聪."互联网 +"战略下数字档案信息服务发展策略研究——基于 SWOT 框架的分析选择 [J]. 档案学通讯,2016 (4):56 - 61.

[76] 姚史清.什么是档案的本质属性 [J]. 中国档案,1981 (1):39 - 40.

[77] 伍振华,禾木.档案定义新探 [J]. 成都档案,1988 (2):4 - 6.

[78] 覃兆刿.双元价值观与"档案"的定义 [J]. 北京档案,2003 (9):16 - 19.

[79] 袁贵仁.主体性与人的主体性 [J]. 河北学刊,1988 (3):23 - 29.

[80] 何嘉荪.文件运动理论研究范围刍议——"文件运动模型"再思考兼答章燕华同志之一 [J]. 档案学通讯,2007 (3):24 - 27.

[81] 何嘉荪.用文件生命周期理论指导对档案概念的研究——答宗培岭、谭玙培与百思特同志之一 [J]. 上海档案,1998 (4):14 - 18.

[82] 何嘉荪. 应该如何看待中外"文件"与"档案"概念的不同. 浙江档案, 1998 (11): 23-25.

[83] 陈忠海. 档案本质属性与档案属概念的对应关系——对档案本质属性的思考 [J]. 档案学研究, 2009 (2): 3-6.

[84] 王荣声, 王玉声. 档案是行为主体目的的行为 [J]. 档案学通讯, 1995 (3): 13-16.

[85] 丁海斌, 李娟. 从信息划分与定义规则出发再谈档案定义 [J]. 档案, 2011 (6): 6-9.

[86] 潘未梅, 方昀. 文件档案概念辨析——以 InterPARES 项目为例 [J]. 档案学通讯, 2013 (4): 25-29.

[87] 吕颜冰. 文件系列: 一种后保管的档案整理与编目方法 [J]. 档案学通讯, 2015 (5): 87-93.

[88] 库克. 四个范式: 欧洲档案学的观念和战略的变化——1840 年以来西方档案观念与战略的变化 [J]. 李音, 译. 档案学研究, 2011 (3): 81-87.

[89] 冯惠玲. 档案记忆观、资源观与"中国记忆"数字资源建设 [J]. 档案学通讯, 2012 (3): 4-8.

[90] 毛福民. 以"三个代表"为指导全面加强国家档案资源建设 [J]. 中国档案, 2002 (2): 5-7.

[91] 戴志强. 国家档案资源整合的涵义及其运作机制探讨 [J]. 档案学通讯, 2003 (2): 4-7.

[92] 黄存勋. 论国家档案资源建设的理论与体制创新. 档案学通讯, 2004 (2): 76-79.

[93] 潘玉民. 论国家档案资源的内涵及其构成 [J]. 北京档案, 2001 (1): 17-20.

[94] 薛匡勇. 论档案资源建设 [J]. 浙江档案, 2002 (12): 6-7.

[95] 李维华, 韩红梅. 资源观的演化及全面资源论下的资源定义 [J]. 管理科学文摘, 2003 (2): 10-14.

[96] 霍明远. 资源科学的内涵与发展 [J]. 资源科学, 1998 (2): 11-16.

[97] 冯惠玲. 档案信息资源在国家经济社会发展中的综合贡献力 [J]. 档案学研究, 2006 (3): 13-16.

[98] 马伏秋. 2000 年以来档案信息资源开发与利用研究述评——基于《档案学通讯》《档案学研究》的论文分析 [J]. 档案学通讯, 2015 (1): 45-51.

[99] 冯惠玲. 论档案信息源 [J]. 档案学研究, 1989 (4): 13 – 16.

[100] 田炳珍. 档案信息资源——一个需要深入研究的课题 [J]. 档案, 1997 (3): 15 – 17.

[101] 宗培岭. 对档案信息资源管理的再认识 [J]. 上海档案, 2001 (3): 10 – 13.

[102] 张莉. 从自然性概念到社会性概念——我国档案概念演变的历史逻辑 [J]. 档案学研究, 2007 (2): 9 – 12.

[103] 赵爱国, 任文娜. 现代化进程中的社会档案资源的结构与服务体系初探 [J]. 档案学通讯, 2011 (6): 73 – 76.

[104] 王萍. 体制外档案资源概念的界定 [J]. 档案管理, 2014 (1): 7 – 9.

[105] 档案网站调查和测评项目组. 我国省级档案网站测评项目综述 [J]. 档案学通讯, 2007 (4): 4 – 10.

[106] 梁孟华. 档案网站信息服务质量评价研究 [J]. 档案学通讯, 2012 (2): 57 – 61.

[107] 蒋冠. 国家综合档案馆馆藏资源建设策略探析 [J]. 档案学研究, 2011 (5): 37 – 41.

[108] 李志君. 从档案的角度看家书 [J]. 山西档案, 2005 (3): 55.

[109] 沈伟光, 朱南雁. 开启 "文化强档" 新路——浙江方言语音建档试点工作综述 [J]. 浙江档案, 2012 (5): 18 – 20.

[110] 徐越. "浙江方言音档" 的构建及预期价值 [J]. 浙江档案, 2012 (1): 39 – 42.

[111] 颜运梅. 用户参与 "城市记忆工程" 建设探析 [J]. 图书馆界, 2014 (4): 78 – 81.

[112] 严建强. 关于社会记忆与人类文明的断想 [J]. 浙江档案, 1999 (3): 24.

[113] 格林. 论后现代社会档案和档案工作的价值 [J]. 李亚勋, 编译. 档案学研究, 2011 (2): 84 – 89.

[114] 冯惠玲. 档案记忆观、资源观与 "中国记忆" 数字资源建设 [J]. 档案学通讯, 2012 (3): 4 – 8.

[115] 王健, 王小丹. "佛罗里达记忆" 特色分析 [J]. 中国档案, 2016 (3): 68 – 69.

[116] 王艳明, 李觅. 数字档案馆竞争性生态及其资源建设策略 [J]. 中国档案, 2016 (4): 72 – 74.

[117] 姜之茂. 让档案馆离民众近些近些再近些 [J]. 档案学通讯, 2004 (4): 14 – 17.

[118] 张斌，徐拥军．档案事业：从"国家模式"到"社会模式"[J]．中国档案，2008（9）：8-10.

[119] 冯惠玲．开放：公共档案馆的发展之路[J]．档案学通讯，2003（4）：10-13.

[120] 全国图书馆共同开展记忆资源抢救与建设倡议书[J]．国家图书馆学刊，2016（1）：110-110.

[121] 丁宁．参与治理：档案馆公共文化服务运行模式的创新[J]．档案学研究，2016（5）：81-85.

[122] 蔡志远．新加坡口述历史中心[J]．图书馆，2015（12）：6-9.

[123] 黄霄羽国外档案新闻工作室．国外档案新闻集萃[J]．中国档案，2016（1）：78-79.

[124] 陈静．全民参与式的新加坡记忆工程实施现状及启示[J]．北京档案，2016（3）：34-37.

[125] 黄霄羽国外档案新闻工作室．国外档案新闻集萃[J]．中国档案，2016（8）：72-73.

[126] 闫静．档案事业公众参与特点及新趋势探析——基于英国"档案志愿者"与美国"公民档案工作者"的思考[J]．档案学研究，2014（3）81-84.

[127] 张大伟．从"全民大拍档"看人类记忆的革命[J]．上海档案，2011（4）：11-13.

[128] 孙晓燕，蔡金刚．台湾"数字典藏国家型科技计划"执行成效[J]．海峡科技与产业，2015（8）：16-25.

[129] 蒋冠，李晓．美、英、澳三国国家档案馆网站数字档案资源服务情况调查与分析[J]．档案学研究，2013（5）：82-90.

[130] 李晓，蒋冠．国内省级档案网站数字档案资源服务现状分析——基于对6省市档案网站的重点调查[J]．档案学通讯，2013（6）：70-74.

[131] 李玉洁，张长海．文件生命周期理论与档案自然形成规律之比较[J]．兰台世界，2002（9）：4-5.

[132] 吴品才．电子文件特点伤及了电子文件的本质吗？[J]．浙江档案，2009（12）：40-43.

[133] 陆伟．细粒度信息检索与知识挖掘[J]．图书情报知识，2012（3）：4-34.

[134] 田伟，崔杰，韩海涛．"互联网+"视域下档案个性化服务研究现状与展望[J]．档案与建设，2017（8）：23-26.

［135］何振，易臣何，杨文．档案公共服务的理念创新与功能拓展［J］．档案学研究，2015（3）：44-50.

［136］王毅，魏扣．优化用户体验的数字档案资源服务策略研究［J］．档案学通讯，2017（1）：64-69.

［137］谢永宪．数字信息长期保存的相关主体及其合作模式研究［J］．图书馆学研究，2009（3）：41-44.

［138］董晓莉，张炜．基于本体的数字资源长期保存分级存储管理研究［J］．图书馆学研究，2017（23）：52-64.

［139］黄少如，肖斌．高校图书馆虚拟互动服务质量模型构建［J］．图书馆理论与实践，2016（8）：24-27.

［140］杜梅．2012年国际档案大会：新环境新变化［J］．中国档案，2011（4）：51.

［141］杨霞．社会公众参与的档案利用服务质量评价初探［J］．档案学通讯，2012（4）：42-44.

［142］李灵凤．从权力到权利——国家档案馆公共服务基本价值取向研究［J］．2011（3）：33-36.

［143］连志英．数字档案资源社会化开发内涵及模型建构［J］．档案学通讯，2019（6）：27-34.

［144］孙莉．档案数字资源协同服务实现机制的探讨［J］．山西档案，2019（11）：12-15.

［145］张宁，祁天娇．数字档案资源版权问题刍议：以美国《版权法（1976）》第108条为例［J］．档案学通讯，2018（5）：61-66.

［146］梁孟华．基于用户兴趣图谱的数字档案资源交互推送服务研究［J］．档案学研究，2019（2）：81-87.

［147］安小米，宋懿，张斌．国家数字档案资源整合与服务：概念、路径和机制［J］．档案学研究，2018（3）：81-88.

［148］马广惠，安小米．我国国家数字档案资源整合与服务研究发展趋势［J］．档案学通讯，2018（6）：57-61.

［149］钱毅．基于OAIS的数字档案资源长期保存认证策略研究［J］．档案学研究，2018（4）：72-77.

［150］郝春红，安小米，白文琳，等．基于档案多元论的国家数字档案资源建设评估指标体系构建研究［J］．档案学研究，2017（1）：31-41.

［151］肖静萍，朱一丽．面向用户的数字档案资源整合：国外研究及借鉴［J］．档案学研究，2017（2）：98-101.

［152］王志宇，熊华兰．语义网环境下数字档案资源关联与共享模式研究［J］．档案学研究，2019（5）：114-119.

［153］安小米，宋懿，马广惠，等．大数据时代数字档案资源整合与服务的机遇与挑战［J］．档案学通讯，2017（6）：57-62.

［154］谭必勇，陈艳．社会记忆视野下数字档案资源建设的多元化路径探析［J］．档案学通讯，2018（1）：62-66.

［155］王萍，王毅，文丽．优化用户满意体验的数字资源建设探究［J］．中国图书馆学报，2014，40（5）：98-109.

［156］戚敏仪．公共图书馆未成年人数字资源建设与服务研究——以粤港澳大湾区公共图书馆为例［J］．图书馆工作与研究，2019（12）：123-128.

［157］王传清，毕强．超网络视域下的数字资源深度聚合研究［J］．情报学报，2015，34（1）：4-13.

［158］肖希明，唐义．国外多领域数字资源整合研究进展［J］．中国图书馆学报，2013，39（4）：26-35.

［159］李广建，汪语宇，张丽．数字资源整合的实现机制及关键技术——对国外数字资源整合系统的实证研究［J］．中国图书馆学报，2007（2）：75-80.

［160］肖希明，郑燃．国外图书馆、档案馆和博物馆数字资源整合研究进展［J］．中国图书馆学报，2012，38（3）：26-39.

［161］周俊烨．基于关联数据的图书馆、档案馆和博物馆数字资源整合模式构建［J］．图书馆，2019（1）：70-75.

［162］王静，李烁．图档博融合服务中数字资源整合策略研究［J］．浙江档案，2019（11）：31-33.

［163］完颜邓邓，马群芬．我国城市记忆工程数字资源建设调查分析［J］．浙江档案，2019（8）：22-25.

［164］朱江，任晓亚，姜恩波，等．研究图书馆数字资源建设的转型与发展——以中国科学院文献情报系统为例［J］．图书情报工作，2019，63（4）：47-53.

［165］任晓亚，朱江，田丁．网络数字资源的精准建设探析［J］．图书情报工作，2018，62（21）：34-38.

［166］徐速，王金玲，王静芬．DRAA引进数字资源的长期保存与利用研究［J］．大学图书馆学报，2019，37（6）：70-77.

[167] 唐权. 美国印第安纳州与蒙大拿州数字资源长期保存的实践与启示［J］. 图书情报工作, 2019, 63 (6): 131 –139.

[168] 陈红彦, 董晓莉. 信息生态视阈下古籍数字资源保护研究［J］. 图书馆理论与实践, 2019 (5): 94 –99.

[169] 许天才, 潘雨亭, 杨新涯, 罗丽, 孙锐. 基于元数据管理的数字资源保障评估研究［J］. 图书情报工作, 2019, 63 (2): 80 –90.

[170] 王沛郁. 民间档案——不容忽视的国宝［N］. 人民政协报, 2007 –11 –19 (B03).

[171] 刘芸. 浙江方言语音建档 留住正在消逝的声间［N］. 中国档案报, 2015 –11 –30 (003).

[172] 陈璐. 加拿大文献遗产数字化加速［N］. 中国文化报, 2013 –9 –24 (010).

[173] 伊恩·沃森. 数字世界里的记忆探秘——英国泰恩 –威尔郡档案馆和博物馆的数字化经验［N］. 中国档案报, 2015 –12 –21 (003).

[174] 毕观华. 关于档案宣传的几点看法［N］. 中国档案报, 2011 –07 –14 (003).

[175] 中华人民共和国国家质量监督检验检疫总局. 信息与文献文件管理第 1 部分: 通则: GB/T 26162.1—2010［S］. 北京: 中国标准出版社, 2011.

[176] 中国互联网络信息中心. 第 40 次中国互联网络发展状况统计报告［R］. 北京: 中国互联网络信息中心, 2017.

[177] 冯惠玲. 中国记忆与数字档案资源在广州——冯惠玲在幸福档案资源体系建设论坛上的演讲［EB/OL］. ［2016 –12 –24］. http: //www. gzdaj. gov. cn/gzdt/201109/t20110909_ 57047. htm.